LES

BOHÈMES DE LA MER

SCEAUX. — IMPRIMERIE CHARAIRE ET Cie

LES

BOHÈMES DE LA MER

PAR

GUSTAVE AIMARD

PARIS

F. ROY, LIBRAIRE-ÉDITEUR

222, BOULEVARD SAINT-GERMAIN, 222

1892

Deux hommes étaient attablés dans la grande salle du *Saumon couronné*.

LES BOHÈMES DE LA MER

Les flibustiers… C'étaient d'abord des aventuriers français qui avaient tout au plus la qualité de corsaires. C'étaient des oiseaux de proie qui fondaient de tous les côtés…Jamais les Romains ne firent des actions si étonnantes. S'ils avaient eu une politique égale à leur indomptable courage, ils auraient fondé un grand empire en Amérique.   (VOLTAIRE.)

I

LE SAUMON COURONNÉ

Le 17 octobre 1658, entre sept et huit heures du soir, deux hommes étaient attablés dans la grande salle du *Saumon couronné*, la principale auberge de la ville de *Port-de-Paix*, rendez-vous ordinaire des aventuriers de toutes nations que la soif de l'or et la haine des Espagnols attiraient dans les Antilles.

Ce jour-là, une chaleur torride n'avait cessé de peser sur la ville, de gros nuages jaunâtres chargés d'électricité s'étaient étendus d'un bout à l'autre de l'horizon, sans qu'un souffle d'air vînt, même au coucher du soleil, rafraîchir la terre pâmée de chaleur.

On entendait de sourds murmures qui, s'échappant du sein des mornes, roulaient répercutés par les échos avec les éclats stridents d'un tonnerre lointain.

La mer, noire comme de l'encre, agitée par quelque commotion souterraine, se soulevait en vagues houleuses et venait lourdement se briser contre les rochers de la plage avec des plaintes sinistres.

Tout enfin présageait un ouragan prochain. Les habitants de Port-de-Paix, rudes marins pour la plupart cependant, et habitués de longue main à lutter contre les plus terribles dangers, subissant malgré eux l'influence de ce malaise général de la nature, s'étaient renfermés dans leurs maisons ; les rues étaient désertes et silencieuses, la ville semblait abandonnée, et l'auberge du *Saumon couronné*, qui d'ordinaire, à cette heure peu avancée de la nuit, regorgeait de buveurs, n'abritait sous les lambris enfumés de sa vaste salle que les deux hommes dont nous avons parlé et qui, le coude sur la table, la tête dans la main et la pipe à la bouche, suivaient d'un regard distrait les fantastiques spirales de la fumée qui s'échappait incessamment de leur bouche et se condensait en un nuage bleuâtre autour d'eux.

Des gobelets en étain, des bouteilles, des cartes, des cornets et des dés épars çà et là sur la table prouvaient que depuis longtemps déjà ces deux hommes se trouvaient dans l'auberge, et qu'après avoir essayé de toutes les distractions, ils les avaient abandonnées, soit par lassitude, soit parce que des pensées plus graves occupaient leur esprit et les empêchaient de jouir, comme ils l'auraient peut-être désiré, des plaisirs combinés du jeu et de la bouteille.

Le premier était un vieillard, plein de vigueur encore, balançant fièrement sur ses épaules une belle tête presque sexagénaire, à laquelle de longs cheveux blancs, des sourcils encore noirs, d'épaisses et grises moustaches et une ample royale donnaient un fort noble caractère. Son costume simple, mais de bon goût, était entièrement noir ; son épée, à poignée d'acier bruni, était jetée négligemment sur la table auprès de son feutre et de son manteau.

Le second, beaucoup plus jeune que son compagnon, n'avait que quarante-cinq à quarante-huit au plus ; c'était un homme aux formes athlétiques, trapu et carré ; ses traits, assez ordinaires, auraient été insignifiants sans une expression de rare énergie et d'indomptable volonté qui imprimait à sa physionomie un cachet tout particulier.

Il portait le costume luxueux jusqu'à l'extravagance de riches boucaniers, étincelant d'or et de diamants ; une lourde et massive *fanfaronne* entourait la forme de son feutre garni de plumes d'autruche, retenues par une agrafe de diamants, qui valait une fortune ; une longue rapière suspendue à son côté par un large baudrier était, pour plus de commodité sans doute, ramenée en ce moment entre ses jambes, deux pistolets et un poignard garnissaient sa ceinture, un ample manteau rouge était placé sur le dossier de son siège.

Depuis longtemps déjà un silence morne régnait entre les deux hommes ; ils continuaient à fumer et à s'envoyer réciproquement des bouffées de fumée au visage sans paraître songer l'un à l'autre.

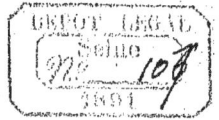

Port-de-Paix était entourée de fossés, qui lui formaient des remparts pour résister à un coup de main de ses hardis voisins.

L'aubergiste, grand gaillard maigre, sec et long comme un échalas, aux vêtement sales et sordides et à la face patibulaire, a plusieurs reprises, sous prétexte de raviver la mèche de la lampe qui n'en avait pas besoin, était venu tourner autour de ces singulières pratiques sans parvenir à éveiller leur attention, et s'était retiré tout penaud en haussant les épaules d'un air de mépris mal déguisé pour de si minces consommateurs.

Enfin, le plus jeune des deux releva subitement la tête, brisa sa pipe sur le plancher avec un geste de colère, et frappant du poing sur la table de façon à faire danser et s'entre-choquer gobelets et bouteilles :

— Vive Dieu ! s'écria-t-il d'une voix rude, ce beau muguet se moque de nous, à la fin ! Allons-nous demeurer ici éternellement ? Sur mon âme ! il y a de quoi devenir enragé, de tant attendre !

Le vieillard releva doucement la tête, et, fixant un regard tranquille sur son compagnon :

— Patience, Pierre, dit-il d'une voix calme, il n'est pas tard encore.

— Patience ! cela vous est facile à dire, à vous, monsieur d'Ogeron, grommela celui auquel on avait donné le nom de Pierre: sais-je, moi, où ce diable incarné est fourré en ce moment ?

— Le sais-je plus que toi, mon ami ? et pourtant, tu le vois, j'attends sans me plaindre.

— Hum ! reprit Pierre, tout cela est bel et bon... Vous êtes son oncle, vous, au lieu que moi je suis son matelot, ce qui est bien différent.

— C'est juste, répondit en souriant M. d'Ogeron, et, en qualité de matelots, vous ne devez avoir rien de caché l'un pour l'autre, n'est-ce pas ?

— C'est cela même, monsieur. D'ailleurs, vous le savez aussi bien que moi, vous qui, dans votre jeunesse, avez longtemps fait la course contre les Gachupines.

— Et c'était le bon temps, Pierre, fit M. d'Ogeron en étouffant un soupir. J'étais heureux alors ; je n'avais ni chagrins ni soucis d'aucune sorte.

— Bah ! nul ne peut être et avoir été, monsieur. Vous étiez heureux alors, dites-vous ? Eh bien ! ne l'êtes-vous donc pas aujourd'hui ? Tous les Frères de la Côte, flibustiers, boucaniers ou habitants, vous aiment et vous révèrent comme un père ; moi le premier, nous nous ferions hacher pour vous. Sa Majesté, que Dieu protège, vous a nommé notre gouverneur : que pouvez-vous désirer de plus ?

— Rien ; tu as raison, Pierre, répondit-il en hochant tristement la tête ; en effet, je ne saurais rien désirer de plus !

Il y eut un silence de quelques minutes. Ce fut le boucanier qui renoua l'entretien.

— Me permettez-vous de vous adresser une question, monsieur d'Ogeron ? dit-il avec une certaine hésitation dans la voix.

— Certes, mon ami, répondit le vieillard. Voyons donc cette question.

— Oh ! dame, j'ai peut-être tort de vous demander cela, reprit-il ; ma foi, c'est plus fort que moi, je le confesse.

— Bon ! va toujours. Que crains-tu ?

— Rien que de vous déplaire, monsieur d'Ogeron ; vous savez que je n'ai pas la réputation d'être timide.

— Je le crois bien, toi, Pierre Legrand, un de nos plus hardis flibustiers, dont le nom seul fait trembler les Espagnols.

Pierre Legrand se redressa avec une satisfaction évidente à ce compliment mérité.

— Eh bien ! dit-il du ton d'un homme qui prend un parti décisif, voici ce dont il s'agit. Lorsque mon engagé Pitrians m'a remis votre lettre, naturellement mon premier mouvement a été de vous obéir et de me rendre en toute hâte au rendez-vous que vous m'assigniez ici, au *Saumon couronné*.

— Je te remercie de l'empressement que tu m'as témoigné en cette circonstance, mon ami.

— Pardieu ! il aurait fait beau voir que je ne fusse pas venu ! c'eût été drôle, sur ma foi ! Donc je suis arrivé, nous avons joué, nous avons bu, fort bien, rien de mieux ; seulement je me demande quel motif sérieux vous a fait quitter Saint-Christophe pour venir incognito à Port-de-Paix.

— Et c'est ce motif que tu désires connaître, hein, Pierre ?

— Ma foi, oui ; si cela ne vous contrarie pas, bien entendu ; sinon, mettez que je n'ai rien dit et n'en parlons plus.

— Parlons-en, au contraire, mon ami ; j'aurais voulu ne te faire cette ouverture que devant mon neveu, ton matelot ; mais puisqu'il s'obstine à ne pas venir, tu vas tout savoir.

— Nous pouvons attendre encore, monsieur d'Ogeron, il ne tardera pas maintenant probablement.

— Peut-être, mais peu importe ; d'ailleurs, il connaît déjà à peu près mes projets, écoute-moi donc.

— Ah ! le sournois, il ne m'avait rien dit.

— Je le lui avais défendu.

— Alors, c'est différent ; il a bien fait de se taire.

— Écoute-moi avec attention, car la chose en vaut la peine. Tu te rappelles, n'est-ce pas, comment le chevalier de Fontenay, attaqué à l'improviste par une escadre espagnole, fut, après une résistance héroïque, forcé d'abandonner la Tortue ?

— Certes, je me le rappelle, monsieur d'Ogeron, et c'est un fier crève-cœur pour nous tous de voir flotter le pavillon espagnol sur le port de la Roche, et d'être ainsi nargués par ces maudits Gavachos qui semblent nous rire au nez ! Vive Dieu ! je ne sais ce que je donnerais pour jouer un bon tour à ces *dons* maudits et les voir déguerpir de notre île.

M. d'Ogeron écoutait en souriant le boucanier. Lorsqu'il se tut, il se pencha vers lui, posa sa main sur son épaule et le regardant bien en face :

— Eh bien ! Pierre, mon ami, lui dit-il d'une voix basse et contenue, moi aussi je veux jouer un bon tour aux Gavachos et les chasser de notre île.

— Eh ! fit Legrand avec un tressaillement nerveux, dites-vous vrai ? Est-ce bien réellement votre intention ?

— Sur mon honneur, Pierre, voici pourquoi j'ai quitté Saint-Christophe, et je suis venu incognito à Port-de-Paix ; il ne manque pas d'espions espagnols ici ; il est inutile qu'ils sachent que je me trouve si près de la Tortue.

— Ah ! bon ! s'il en est ainsi, nous allons rire.

— Je l'espère.

— C'est un coup de main, n'est-ce pas ?

— Pardieu ! nous rendrons aux Gavachos la monnaie de leur pièce ; ils nous ont surpris, nous les surprendrons.

— Parfait ! s'écria-t-il en se frottant joyeusement les mains.

— J'ai compté sur toi, Pierre.

— Vous avez bien fait, monsieur d'Ogeron.

— Tu comprends que je ne suis pas au courant de vos affaires; j'ignore complètement ce qui se passe ici ; j'ai donc besoin d'être renseigné ; nul ne peut mieux que toi m'apprendre ce que j'ai besoin de savoir.

— Interrogez, je répondrai, monsieur d'Ogeron.

— Quels capitaines avons-nous ici en ce moment?

— Hum ! fit-il en se grattant le front, nous sommes assez pauvres en hommes, monsieur. Cependant il y a quelques vieux Frères de la Côte sur lesquels, au besoin, on pourrait compter.

— Diable ! c'est fâcheux. Qu'est devenu l'Exterminateur?

— Montbars est parti, il y a de cela six mois, et depuis on n'en a pas eu de nouvelles.

— Diable, diable! dit le vieillard d'un air pensif.

— C'est comme cela. Morgan, le Beau Laurent, Belle-Tête, David, Roc le Brésilien, l'Olonnais, Vent-en-Panne, tous sont dehors, morts peut-être, nul ne le sait.

— Oh ! oh ! voilà qui est fâcheux. Qui nous reste-t-il donc alors?

— Dame ! il y a moi d'abord.

— C'est juste, mais ensuite?

— Ensuite, à part quatre ou cinq de véritablement solides, je ne vois personne.

— Quels sont ces quatre ou cinq?

— Michel le Basque, Drack, le Poletais, votre neveu Philippe

— Qui encore?

— Je n'en vois pas d'autres.

— Hum ! c'est bien peu, car l'affaire sera rude; les Gavachos ne se laisseront pas prendre ainsi.

— Pardieu ! je l'espère bien ; mais les noms que je viens de vous citer vous sont connus de longue date, monsieur, ce sont ceux d'hommes déterminés.

— Je le sais, mon ami, mais si nous échouions, ce serait pour nous un échec irréparable ; mieux vaudrait peut-être nous abstenir.

— Je ne suis pas de cet avis, monsieur d'Ogeron, chacun de nous peut réunir quelques aventuriers résolus.

— C'est vrai, mais la Tortue est à peu près imprenable, surtout si elle est bien défendue, et elle le sera.

— Pour cela, vous pouvez être tranquille. Don Fernando d'Avila, qui commande la garnison espagnole, se fera tuer ainsi que tout son monde plutôt que de se rendre.

— Tu vois bien, alors, que ce serait une folie de nous obstiner à tenter de le déloger avec des forces aussi restreintes que celles dont nous disposons.

— Bah! est-ce que nous avons jamais compté nos ennemis, nous autres? Les Frères de la Côte d'aujourd'hui sont ce qu'ils étaient de votre temps, monsieur d'Ogeron, croyez-le bien, chacun de nous vaut dix Gavachos.

— Ah! pourquoi Philippe ne vient-il pas? il nous aurait donné un bon avis, peut-être.

— Philippe vous aurait parlé comme moi, monsieur d'Ogeron.

— C'est possible, mon ami; mais l'affaire est grave et mérite qu'on y réfléchisse sérieusement.

— Réfléchissez-y, soit; mais n'y renoncez pas. Car je vous jure que maintenant que je connais vos projets, l'eau me vient à la bouche, et si vous nous abandonniez, vive Dieu! je prendrais l'île sans vous, aussi vrai que je me nomme Pierre Legrand et que je déteste les Espagnols! Je ne sais pas comment je ferai, par exemple! mais c'est égal, je suis certain que je réussirai.

M. d'Ogeron se mit à rire à cette boutade du flibustier.

— Voyons, calme-toi, mauvaise tête, dit-il, je n'ai pas dit que je renonçais.

— A la bonne heure, donc!

En ce moment un homme entra dans la salle; il s'arrêta un instant sur le seuil de la porte, jeta un regard soupçonneux autour de lui; puis, ayant reconnu sans doute les deux personnages qui seuls se trouvaient dans l'auberge, il se débarrassa de son manteau et s'avança à grands pas vers eux.

— Eh! s'écria Pierre, voilà Philippe, enfin! Bonsoir, matelot, ajouta-t-il en lui tendant la main.

— Bonsoir, Pierre, répondit le nouveau venu, me voici, que me veux-tu? Vive Dieu! il faut que la chose en vaille la peine! sinon je t'avertis que je te garderai rancune de m'avoir contraint à venir te trouver ici, lorsque j'avais la perspective d'un passe-temps bien autrement agréable.

Pierre éclata de rire.

— Regarde, dit-il en désignant M. d'Ogeron, qui, en voyant entrer son neveu, s'était mis un peu dans l'ombre.

Philippe se tourna vers lui.

— Eh! mais, s'écria-t-il joyeusement, je ne me trompe pas: mon bon oncle, est-ce bien vous?

— Pardieu, qui veux-tu que ce soit! dit Pierre d'un ton goguenard.

— Cela vous fait donc plaisir, de me voir, mon neveu? répondit le vieillard.

— En doutez-vous, mon oncle? s'écria-t-il en se jetant dans les bras que M. d'Ogeron ouvrait pour le recevoir.

— Non, Philippe, je n'en doute pas, dit-il avec émotion, je sais que vous m'aimez.

— Merci, mon oncle. Ah çà! quel bon vent vous amène? venez-vous vous fixer parmi nous? ce serait une bien agréable surprise à me faire.

— Peut-être, mon neveu; je ne puis encore vous dire ni oui ni non, cela dépendra de certaines conditions

— Voyons ces conditions, mon oncle ; je vous avertis tout d'abord que je les accepte les yeux fermés.

— Bon, voilà que tu vas trop vite en besogne, à présent.

— Pourquoi donc? Ne dois-je pas désirer de vous voir demeurer auprès de moi ?

Tout en parlant ainsi, il avait pris un siège et s'était assis entre son oncle et son matelot.

Philippe était un beau jeune homme de vingt-cinq à vingt-six ans, à la taille élancée et bien prise ; son corps un peu grêle, mais nerveux, semblait doué d'une vigueur peu commune et d'une rare agilité.

Son visage était merveilleusement beau ; sa physionomie douce aurait paru efféminée sans l'éclat fulgurant qui jaillissait de ses yeux noirs à la plus légère excitation et l'expression d'indomptable énergie qu'elle prenait alors.

Malgré le costume plus que simple qu'il portait, il y avait dans toute sa personne une élégance native et une distinction qui perçaient malgré lui et dénotaient la race.

Son oncle l'examinait avec complaisance et semblait ne pouvoir se rassasier de le voir.

Le jeune homme sourit, et embrassant encore le vieillard :

— Voyons, lui dit-il, pourquoi ne m'avez-vous pas averti de votre venue, mon oncle? j'aurais été si heureux de connaître l'époque de votre arrivée. C'est mal de me surprendre ainsi.

— Le regrettes-tu, mon neveu?

— Loin de là ; seulement j'aurais préféré qu'il en eût été autrement.

— C'était impossible, Philippe ; ma présence ici doit, jusqu'à nouvel ordre, être ignorée de tous : je suis venu incognito.

— Ah! fit-il, ceci change complètement l'affaire ; vous avez quelque projet, sans doute?

— Oui, interrompit Pierre, et un grand projet, même.

— Tiens, tu es au courant, toi, à ce qu'il paraît, matelot?

— Pardieu ! si je suis au courant.

— Bien, mon oncle me le dira, alors.

— Je ne demande pas mieux, d'autant plus que je désire avoir ton avis.

— Quoi que ce soit, vous avez raison, mon oncle.

— Tu ne sais pas encore de quoi il s'agit, fou que tu es ! répondit en riant le vieillard.

— Cela ne fait rien, mon oncle ; il est évident pour moi que vous ne pouvez avoir tort. Maintenant, parlez ; je vous écoute.

— En deux mots, le motif de mon voyage, le voici : je veux, avec l'aide de mes anciens compagnons, reprendre l'île de la Tortue et en chasser les Espagnols.

— Ah ! fit le jeune homme d'une voix étranglée en devenant subitement pâle comme un cadavre.

II

LA CHAPELLE DE LA VIERGE

A quinze ou seize lieues environ de Port-de-Paix, au milieu d'une savane magnifique, traversée par un large cours d'eau et abritée du vent de mer par de hautes montagnes boisées, s'élève une charmante petite ville espagnole, nommé San Juan de Goava, qui contenait alors quatre à cinq mille habitants. A cause de sa situation qui l'exposait aux attaques des aventuriers, elle était entourée de fossés et de murs en terre battue, qui lui formaient des remparts suffisants pour résister à un coup de main de ses hardis voisins.

Presque au milieu de la rue principale de cette ville se trouvait alors une maison en briques rouges, dont le portail, soutenu par deux colonnettes artistement travaillées, supportant un fronton, donnait accès dans une vaste cour, au centre de laquelle se trouvait un puits.

Un perron à double escalier conduisait dans l'intérieur du principal corps de logis, flanqué à droite et à gauche par des tourelles curieusement sculptées.

Le jour où commence notre histoire, vers huit heures du matin, la plus grande animation régnait dans cette maison qui était alors une hôtellerie ou posada, et qui, à présent, sans doute, n'existe plus.

Des valets empressés entraient et sortaient; des voyageurs arrivaient, d'autres partaient; des mozos de mulas réunissaient leurs recuas, tandis que des peones sellaient des chevaux ou les conduisaient à l'abreuvoir; les appels, les cris et les jurons se croisaient dans l'air avec cette volubilité particulière aux peuples méridionaux.

Au moment le plus animé, un cavalier, soigneusement drapé dans les plis d'un large manteau, entra dans la cour.

Un peon, qui sans doute guettait son arrivée, s'approcha vivement de lui, saisit la bride de son cheval, l'aida à mettre pied à terre, et se penchant à son oreille :

— A l'église de la Merced, lui dit-il à demi-voix.

— Merci, répondit le cavalier sur le même ton, et après avoir laissé tomber une pièce d'or dans la main du peon, il tourna le dos sans autrement s'occuper de sa monture, releva les plis de son manteau sur son visage, sortit de la cour et se dirigea à grands pas vers l'église, située un peu plus haut seulement dans la même rue.

Comme tous les monuments religieux espagnols, l'église de la Merced de la ville de San Juan de Goava est un véritable joyau, tant à l'extérieur qu'à l'intérieur.

Excepté deux femmes enveloppées dans leurs coiffes, agenouillées et paraissant prier avec ferveur, l'église était déserte.

Au bruit causé par l'entrée du cavalier, dont les éperons résonnaient sur les dalles, elles se retournèrent.

L'inconnu fixa sur elles un regard perçant, puis il s'avança jusqu'à un confessionnal placé dans l'angle d'une chapelle latérale, s'arrêta, laissa tomber son manteau, croisa les bras sur sa poitrine et sembla attendre.

Les deux femmes, après avoir échangé quelques mots à voix basse, se levèrent : l'une se dirigea vers la porte de l'église ; l'autre, bien que d'un air timide et craintif, marcha droit au confessionnal auprès duquel se tenait le jeune homme.

Arrivée à quelques pas de lui elle releva ses coiffes et montra le plus délicieux visage de jeune fille de seize ans que puisse rêver un poète.

Le gentilhomme s'inclina respectueusement devant elle, en murmurant d'une voix étouffée par l'émotion :

— Soyez bénie, Juana, pour m'avoir accordé cette entrevue suprême.

— J'ai eu tort, peut-être, repondit-elle avec un accent d'ineffable tristesse, mais je n'ai pas voulu partir sans vous dire un dernier adieu encore une fois.

— Hélas ! murmura-t-il, votre départ est-il donc si prochain ?

— Ce soir, demain au plus tard, la frégate sur laquelle nous nous embarquons doit mettre à la voile ; bientôt nous serons séparés pour jamais ; vous m'oublierez, Philippe.

— Vous oublier ! Juana !... Oh ! vous ne le croyez pas ! s'écria-t-il avec douleur.

La jeune fille hocha tristement la tête.

— L'absence, c'est la mort, murmura-t-elle.

Le jeune homme lui lança un clair regard, et, lui saisissant la main qu'il pressa doucement :

— Vous m'oublierez donc, vous, Juana ? lui demanda-t-il d'une voix tremblante.

— Moi ? Oh ! non, fit-elle ; je mourrai fidèle à mon premier, à mon seul amour. Mais vous, Philippe, vous êtes beau... Séparé de moi par l'immensité des mers, ne devant plus me revoir, une autre femme viendra qui chassera mon amour de votre cœur et mon souvenir de votre mémoire.

Il y eut un court silence.

— Juana, reprit le jeune homme, croyez-vous à mon amour ?

— Oui, Philippe, j'y crois, j'y crois de toutes les forces de mon âme.

— S'il en est ainsi, pourquoi doutez-vous de moi ?

— Je ne doute pas de vous, Philippe... Hélas ! je crains l'avenir.

— L'avenir est à Dieu, Juana. Lui, qui nous sépare aujourd'hui, peut s'il le veut, nous réunir un jour.

— Jamais je ne reverrai Hispaniola, murmura-t-elle, je le sens ; je mourrai dans ces pays sauvages et inconnus où l'on me condamne à habiter loin de tout ce que j'aime.

— Non, vous ne mourrez pas, Juana ; car si vous ne pouvez revenir, vous, pauvre enfant, moi, je suis un homme ; moi je suis fort ; je saurai vous rejoindre.

— Oh ! fit-elle avec joie. Mais, se reprenant aussitôt : Non murmura-t-elle, je n'ose croire à tant de bonheur.

Philippe sourit doucement en entendant ces paroles.

L'aubergiste, grand gaillard sec et long comme un échalas, était venu tourner autour de ces singulières pratiques.

— Enfant! lui dit-il avec tendresse.

La jeune fille lui lança un long regard sous ses paupières demi-closes.

— Hélas! dit-elle, vous êtes un fier et vaillant gentilhomme, Philippe... Bien des femmes se disputent peut-être l'honneur de votre alliance, tandis que moi, je ne suis qu'une pauvre fille...

— Que voulez-vous dire, Juana? reprit-il avec feu; n'êtes-vous pas celle que j'aime, que je préfère à toutes?

— Oui, vous le croyez, Philippe; vous êtes sincère en me parlant ainsi, mais un jour viendra...

— Jamais! je vous le répète, Juana.

Elle secoua tristement la tête à plusieurs reprises.

Le jeune homme l'observa avec étonnement, ne comprenant rien à cette méfiance obstinée.

— Philippe, dit-elle enfin avec un accent de tristesse qui serra le cœur du jeune homme, cette fois est la dernière peut-être qu'il nous sera permis de nous voir; laissez-moi parler, mon ami, fit-elle en posant sa main mignonne sur sa bouche comme pour l'empêcher de l'interrompre; je ne veux pas me séparer de vous sans que vous sachiez qui je suis. Mon nom, voilà tout ce que vous connaissez de moi... Un jour, il y a deux mois de cela, une jeune fille, qui s'était imprudemment risquée dans la grande savane, avait tout à coup été assaillie par un taureau furieux. Le féroce animal, après avoir éventré deux chevaux, blessé et mis en fuite ses domestiques, accourait vers elle tête baissée en poussant des mugissements terribles; la jeune fille, folle de terreur, fuyait éperdue à travers la savane, emportée çà et là par son cheval, et sentant derrière elle le galop effréné du taureau qui se rapprochait avec une rapidité vertigineuse. Soudain, au moment où tout espoir la quittait, où elle recommandait son âme à Dieu dans une suprême prière, un homme apparut, se jeta résolument entre elle et le taureau, épaula son fusil : le taureau roulant foudroyé sur le sol vint avec un mugissement de rage impuissante expirer aux pieds mêmes de son vainqueur. Cette jeune fille, c'était moi, Philippe; son sauveur, c'était vous. Vous vous souvenez de cet événement terrible, n'est-ce pas?

— Oui, Juana, je m'en souviens pour le bénir; car je lui dois le bonheur de vous avoir connue, dit-il avec passion.

— Maintenant, écoutez-moi, mon ami. Vous avez peut-être supposé, me voyant richement vêtue et entourée de domestiques nombreux, que j'étais riche et que j'appartenais à une noble famille?

— Je n'ai rien supposé, Juana; je vous ai aimée, voilà tout.

Elle soupira en essuyant une larme.

— On me nomme Juana, reprit-elle; je n'ai jamais connu ni mon père ni ma mère; on m'a dit que mon père avait été tué dans les guerres avant ma naissance et que ma mère était morte en me donnant le jour. Voilà tout ce que je sais de ma famille; son nom même n'a jamais été prononcé devant moi. Mes premières années sont enveloppées d'un nuage que je ne suis jamais parvenue à soulever; je ne me rappelle rien, seulement il me semble que j'ai habité d'autres contrées; que je suis demeurée longtemps sur mer, et qu'avant de me fixer à Hispaniola j'avais vécu dans des pays où le ciel est moins pur, les arbres plus sombres et le soleil plus froid; mais ce ne sont que des conjectures qui ne reposent sur aucune base solide. Il me semble aussi avoir entendu parler et avoir parlé moi-même une autre langue que le castillan : mais quelle est cette langue, voilà ce que je ne saurais dire. La seule chose que je crois positive, c'est que je suis protégée dans l'ombre par une famille puissante, qui veille incessamment sur moi et ne m'a jamais perdue de vue.

Don Fernando d'Avila, mon tuteur, n'est pas mon parent, j'en suis certaine. C'est un soldat de fortune qui, selon toute probabilité, ne doit la haute position à laquelle il est parvenu et celle plus haute encore qui lui est promise, qu'aux soins dont il a entouré mon enfance. Voici mon histoire, Philippe, elle est bien courte, bien sombre et bien mystérieuse; mais je devais à l'amour que j'ai pour vous, je me devais à moi-même de vous la faire connaître, et, convaincue que j'ai accompli un devoir sacré, je me courberai sans me plaindre devant votre volonté, quelle qu'elle soit.

Le jeune homme la considéra un instant avec une expression indéfinissable, où se mêlaient à la fois l'amour, la honte et la douleur.

— Juana, dit-il enfin d'une voix tremblante, vous êtes une sainte et noble enfant; votre cœur est pur comme celui des anges ! Je suis indigne de votre amour, car, moi, je vous ai trompée!

— Vous m'avez trompée, vous, Philippe? c'est impossible! fit-elle avec un radieux sourire; je ne vous crois pas.

— Merci, Juana... Mais à mon tour de vous faire connaître qui je suis.

— Oh ! je le sais, vous êtes un beau et brave gentilhomme que j'aime; que m'importe le reste !

— Laissez-moi parler, Juana: lorsque vous saurez tout, vous me condamnerez ou vous m'absoudrez. Je suis gentilhomme, vous avez dit vrai, gentilhomme de grande race même, mais je suis pauvre.

— Que me fait cela, à moi?

— Rien, je le sais; mais il me reste un secret à vous dévoiler; secret terrible qui, lorsque vous le saurez, brisera peut-être à jamais mon bonheur.

— Continuez, dit-elle en hochant la tête avec un mouvement de mutine incrédulité.

— Je ne suis pas Espagnol, Juana.

— Je le sais, fit-elle en souriant ; je sais encore que vous êtes Français, que, de plus, vous êtes un des chefs de cette terrible association de *Ladrones*, ainsi que les nomment les Espagnols, devant laquelle tremble la puissance castillane : est-ce donc là, Philippe, le secret terrible que vous hésitiez à me révéler? Allez, mon ami, il y a longtemps que je suis instruite de tout ce qui vous touche; n'êtes-vous pas une partie de mon être?

— Ainsi vous me pardonnez !

— Qu'ai-je à vous pardonner, Philippe? Je ne suis pas un homme, moi; sais-je même seulement si je suis Espagnole ? Ces querelles et ces haines ne m'intéressent pas ; je suis femme et je vous aime, voilà tout ce qui me regarde.

— Oh ! soyez bénie pour ces paroles, Juana, elles me rendent la vie.

— Vous avez douté, Philippe?

— Je n'osais espérer, répondit-il doucement.

— Les femmes seules savent aimer, murmura-t-elle avec tristesse; hélas! il va falloir nous séparer.

— Oh ! pas encore, rien ne nous presse.

— A quoi bon augmenter notre douleur en prolongeant des adieux cruels ?

— Ne voulez-vous donc plus nous revoir ?

— Hélas ! après ce que je vous ai appris, me jugerez-vous encore digne de vous, moi qui ne suis qu'une pauvre fille ?

L'œil de Philippe lança un fulgurant éclair.

— Venez, lui dit-il.

— Où me conduisez-vous ?

— Venez, Juana, c'est au pied de cet autel que je veux vous répondre.

Elle le suivit, tremblante d'espérance et de crainte, jusqu'à une chapelle latérale dédiée à Notre-Dame des Douleurs.

— A genoux près de moi, Juana, et retenez bien les paroles que je vais prononcer ; recevez le serment que je vais faire en présence de la Mère de Dieu.

La jeune fille s'agenouilla sans répondre.

— Je jure, dit alors le jeune homme d'une voix ferme, de ne jamais aimer que vous ; je jure de vous rejoindre quelque soit le lieu où vous alliez ; je jure d'être près de vous avant un an. Que la Vierge, qui voit et m'entend, me punisse si je fausse ce serment que je prononce du plus profond de mon cœur.

— Je jure de vous attendre Philippe, et d'avoir foi en vous, quoi qu'il arrive, répondit la jeune fille en joignant les mains et levant les yeux sur la sainte image.

Ils se relevèrent.

— Tenez, Juana, reprit Philippe en retirant une bague qu'il portait à la main gauche, prenez cet anneau, c'est celui de nos fiançailles ; vous seule, en me le renvoyant, pourrez me rendre la liberté.

— Qu'il soit fait ainsi que vous le désirez, Philippe, je vous aime et je crois en vous ; j'accepte votre anneau, prenez celui-ci en échange, ajouta-t-elle en lui présentant une riche bague en diamant, cet anneau ne m'a jamais quittée. Toute jeune, je le portais suspendu au cou par une chaîne d'or : peut-être est-ce le dernier souvenir de ma mère, le legs suprême qu'elle m'a fait en mourant. Gardez-le, il vous appartient désormais ; car je suis votre fiancée, votre épouse devant Dieu.

Au moment où les jeunes gens échangeaient ainsi leurs anneaux, un clair rayon de soleil jaillit à travers les vitraux de la chapelle et les inonda d'une resplendissante lumière.

— J'accepte cet augure, dit en souriant le jeune homme, nous serons heureux, Juana, la Vierge nous protège et sourit à notre amour.

— Qu'elle soit bénie, répondit dévotement la jeune fille.

— Quand partez-vous et où allez-vous, Juana ?

— Notre départ n'est pas encore positivement fixé ; don Fernando d'Avila attend d'un moment à l'autre sa nomination de gouverneur de Panama.

— Si loin ! dit-il en fronçant le sourcil.

— Hélas ! vous voyez que nous sommes séparés à jamais.

— Ne parlez pas ainsi, ma bien-aimée, rien n'est impossible pour certains hommes ; j'ai juré de vous rejoindre, je tiendrai mon serment.

— Le Ciel vous entende !

— Mais, j'y songe, don Fernando d'Avila n'est-il pas gouverneur, pour l'Espagne, de l'île de la Tortue?

— En effet.

— C'est un bon soldat et un rude adversaire, nous nous sommes vus de près déjà.

— Je dois, ce soir ou demain, me rendre auprès de lui ; c'est de l'île de la Tortue que nous partirons pour la terre ferme ; vous voyez donc, Philippe, qu'il ne faut plus songer à nous revoir, d'ici à bien longtemps du moins.

— Peut-être, ma bien-aimée ; ne suis-je pas venu ici, au milieu de mes ennemis? Pourquoi ne parviendrais-je pas à m'introduire dans l'île de la Tortue? L'un, croyez-moi, n'est pas plus difficile que l'autre.

— Mais si vous étiez reconnu, ce serait la mort pour vous.

— Rassurez-vous, ma bien-aimée, le péril n'est pas aussi menaçant que vous le supposez.

La jeune fille soupira tristement.

— Maintenant, reprit-elle au bout d'un instant, séparons-nous, Philippe.

— Déjà nous quitter! ma Juana chérie, dit le jeune homme avec prière.

— Il le faut, Philippe, une plus longue absence pourrait éveiller les soup-çons. D'ailleurs, ne devons-nous pas nous revoir? Maintenant, je suis heureuse : j'espère!

— Je vous obéis, Juana; je pars, puisque vous l'exigez; un dernier mot encore.

— Dites.

— Quoi qu'il arrive, quelque chose qu'on vous rapporte sur mon compte, il en est une que vous ne devrez jamais croire, c'est que je puisse jamais cesser de vous aimer.

— J'ai foi en vous, Philippe, je ne croirai que vous, je vous le jure.

— Je reçois votre serment, Juana; il est désormais écrit dans mon cœur en caractères ineffaçables, et maintenant je pars plein de foi et de confiance, ma bien-aimée; ainsi, je ne vous dis pas adieu, mais au revoir.

— Au revoir, Philippe, répondit-elle en lui tendant la main.

Le jeune homme conserva un instant cette main mignonne dans la sienne, la baisa tendrement à plusieurs reprises, puis, faisant un effort suprême :

— Au revoir, Juana; au revoir, dit-il d'une voix étouffée.

Il se détourna brusquement et sortit à grands pas de l'église.

Doña Juana le suivit des yeux jusqu'à ce qu'il eût disparu sous le porche, puis elle retomba à genoux devant l'autel de la Vierge des Douleurs, en murmurant d'une voix brisée par l'émotion :

— Au revoir, mon bien-aimé Philippe!

— Señorita, dit la suivante qui s'était doucement rapprochée de sa maî-tresse après le départ du jeune homme, il y a déjà bien longtemps que nous avons quitté la casa; ne craignez-vous pas qu'on trouve votre absence bien longue?

— Ne sommes-nous pas dans une église, ña Cigala?

— En effet, señorita, dans une fort belle église même; cependant peut-être mieux vaudrait-il en sortir et retourner à la casa : ne faut-il pas tout préparer pour votre départ?

— C'est vrai; mais puisque je ne dois plus revenir ici jamais peut-être, répondit-elle avec un doux soupir, soyez bonne, ña Cigala, laissez-moi prier encore la Vierge pour celui que j'aime, cinq minutes seulement.

La dueña hocha la tête en femme prudente ; mais elle attendit.

Quelques minutes plus tard les deux dames, bien emmitouflées dans leurs coiffes, quittèrent enfin l'église.

Sous le porche elles se croisèrent avec un homme soigneusement *embossé* dans son manteau et qui les salua en s'inclinant respectueusement devant elles.

La jeune fille ne put réprimer un tressaillement nerveux à la vue de cet homme et, se penchant à l'oreille de la dueña tout en doublant le pas :

— Croyez-vous qu'il nous ait reconnues? murmura-t-elle d'une voix basse et tremblante.

— Qui sait! répondit la dueña sur le même ton.

Cependant l'inconnu s'était arrêté sous le porche de l'église et les suivait d'un regard railleur.

— C'est à recommencer, dit-il entre ses dents, je suis arrivé un quart d'heure trop tard ; patience!

III

L'ENGAGÉ

Avant de continuer notre récit, et pour ne plus y revenir, ouvrons une parenthèse et disons en deux mots ce que c'était que cette redoutable association des flibustiers ou Frères de la Côte dont nous avons parlé plus haut ; comment elle avait pris naissance, et de quelle façon elle était parvenue à se constituer sur de si formidables bases.

Flavio Gioïa, bourgeois d'Amalfi, dans le royaume de Naples, en perfectionnant en 1303 la *calamite* qui, jusque-là, avait seule été en usage à bord des navires, et en faisant la *boussole*, rendit un service immense à la marine moderne. Ce perfectionnement, en permettant aux navigateurs de ne plus côtoyer le rivage et de se lancer en pleine mer, bien loin hors de la vue des terres, donna peu à peu naissance à cet esprit des découvertes qui devait plus tard doter l'homme de l'empire de la mer et lui assurer la possession du globe dont il pouvait désormais parcourir toutes les parties.

La navigation commença vers 1322 à prendre un essor plus hardi par les voyages des Espagnols aux îles Canaries, situées à environ cinq cents milles de la côte d'Espagne, où ils allaient faire des débarquements pour réduire les naturels en esclavage.

Le premier plan régulier de découvertes fut conçu par les Portugais, à la suite de l'expulsion des Maures de leur pays. Ces découvertes devaient natu-

rellement être dirigées vers le continent africain ; nous ne dirons rien ici du
succès de ces hasardeuses explorations, nous bornant seulement à constater
que ce fut à l'école de ces hardis navigateurs que se forma Christophe Colomb,
auquel était réservé l'honneur de retrouver un monde perdu.

Chose singulière, après avoir vainement essayé de traiter avec plusieurs
souverains, s'être vu repoussé par tous comme un fou ou comme un vision-
naire, Colomb, qui en dernier lieu s'était adressé à Ferdinand et à Isabelle,
alors arrêtés devant Grenade qu'ils assiégeaient, s'était une fois encore, après
de longs pourparlers, vu repousser et désormais sans espoir de réussite, il
avait quitté le camp pour se retirer en Angleterre, où déjà plusieurs fois il
avait projeté de se rendre, lorsque la prise de Grenade vint tout à coup changer
les résolutions des deux souverains et les engager à accepter les offres qu'ils
avaient si péremptoirement refusées d'abord.

Christophe Colomb était parti et déjà éloigné de quelques lieues, lorsque
le courrier de la reine l'atteignit; rendu défiant par ses insuccès continuels,
ce ne fut qu'en hésitant et comme contraint que le grand homme se décida à
rebrousser chemin et à retourner à Santa-Fé, où se tenait la cour.

C'est à Palos-de-Moguerras, petit port de l'Andalousie, que fut équipée la
flotte qui devait donner un nouveau monde à l'Espagne.

L'armement ordonné par la reine était loin de répondre à la grandeur de
l'entreprise que l'on tentait; sa dépense totale ne dépassait pas cent mille
francs.

L'escadre mise sous les ordres de Colomb, créé amiral, se composait de
trois navires de médiocre tonnage, les deux derniers surtout surpassaient à
peine de grandes chaloupes.

L'amiral monta le *Santa-Maria*, Martin Alonso Pinson eut le commandement de la *Pinta* avec son frère pour pilote, et enfin la *Niña* fut placée sous les
ordres de Yanez Pinson. Ces bâtiments portaient pour un an de vivres, et
étaient montés par *quatre-vingt-dix hommes*, matelots aventuriers et gentilshommes qui s'étaient attachés à la fortune de Colomb.

Le 3 août 1492, un peu avant le lever du soleil, la flotte appareilla de la
barre de Saltès, près Huelva, en présence d'une foule de spectateurs qui
formaient des vœux pour la réussite de cette entreprise extraordinaire, mais
dont la plupart n'espéraient plus revoir les hardis aventuriers.

Enfin, le vendredi 12 octobre 1492, après soixante-cinq jours de navigation,
au lever du soleil on aperçut l'île *Guanahani* ou *San Salvador*, une des îles
Lucayes ou de *Bahama*.

Le grand problème, jusque-là insoluble, était résolu, le nouveau monde
découvert, ou pour mieux dire *retrouvé*.

Mais ce ne fut qu'à son troisième voyage que Colomb parvint réellement
jusqu'au continent américain. Le 1er août 1498, Alonzo Perez, matelot, né à
Huelva, en vigie dans la hune, signala l'île de la Trinité, placée sur la côte de
la Guyane, à l'embouchure de l'Orénoque.

L'amiral gouverna alors à l'ouest, découvrit le continent et longea les côtes
de Paria et de Cumana sur lesquelles il prit terre à plusieurs reprises.

Or, aussitôt après le premier voyage de l'amiral, Ferdinand et Isabelle,

ØCKNZI. IMP. CHARAIRE ET FILS

éblouis par le résultat magnifique et inattendu qu'il avait obtenu, avaient cru devoir prendre leurs précautions pour s'assurer la propriété et la possession des terres dont venait de les doter un aventurier de génie, presque malgré eux, et de celles que dans l'avenir il pourrait découvrir encore.

Suivant en cela l'exemple des Portugais qui, en 1438, s'étaient fait octroyer par le pape Eugène IV toutes les contrées qu'ils reconnaîtraient depuis le cap *Non* jusqu'au continent indien, le roi et la reine s'adressèrent au pape Alexandre VI pour obtenir de lui, non seulement la concession des pays qu'ils voulaient occuper, mais encore celle de ceux que plus tard ils découvriraient.

Alexandre VI, né sujet de Ferdinand, désirant être agréable à ce prince, ne fit aucune difficulté de lui accorder ses demandes. Par un acte de libéralité qui ne lui coûtait rien, mais qui augmentait l'autorité et les prétentions des papes à la souveraineté universelle, il donna, par une bulle, à la couronne d'Espagne tous les pays que Ferdinand et Isabelle avaient découverts ou pourraient découvrir par la suite; cependant, afin de ne pas contrarier la concession faite précédemment au Portugal, Alexandre VI établit pour limite entre ces deux puissances une ligne imaginaire qui fut supposée tirée d'un pôle à l'autre, et passant à cent lieues à l'ouest des Açores; donnant par la plénitude de son pouvoir tout ce qui était à l'est de cette ligne au Portugal, et tous les pays situés à l'ouest à l'Espagne.

Ce fut à la faveur de cette bulle, en date de l'année 1493, octroyée par un pape qui, de son autorité privée, concédait de vastes régions qui, non seulement ne lui appartenaient pas, mais encore dont il ignorait la situation, et jusqu'à l'existence, que les Espagnols, se prétendant légitimes *propriétaires* de l'Amérique, la confisquèrent, pour ainsi dire, à leur profit, défendant aux autres nations, non pas de s'y fixer, mais même d'y débarquer dans le but de trafiquer avec les habitants.

Ces prétentions, si monstreuses qu'elles nous paraissent avec justice aujourd'hui, ne soulevèrent alors aucune protestation en Europe. A cette époque, le vieux monde, sortant à peine de ses ruines, et tout occupé à se reconstruire des nationalités afin de remplacer celles englouties sous le flot dévastateur des invasions successives des barbares, avait de trop sérieuses préoccupations pour songer à tenter des expéditions lointaines et à coloniser des contrées inconnues.

Pendant plus d'un siècle, les choses demeurèrent en cet état. L'Espagne, maîtresse de la mer sur laquelle elle exerçait une surveillance active, faisait en toute sécurité affluer dans ses ports l'or du nouveau monde.

Mais, si sévère que fût la police créée par le gouvernement espagnol, quelques étrangers étaient parvenus à tromper sa vigilance. De retour en Europe, ils montrèrent l'or qu'ils avaient recueilli et firent de fabuleux récits sur les régions ignorées qu'ils avaient parcourues. Ces récits, en passant de bouche en bouche, prirent bientôt des proportions fantastiques, l'avarice s'éveilla, et de tous les ports de France, d'Angleterre et même des contrées maritimes de l'Allemagne, partirent des expéditions destinées à explorer le nouvel Eldorado.

Les Espagnols, qui se croyaient de bonne foi propriétaires du nouveau

Un peon, qui sans doute guettait son arrivée, s'approcha vivement de lui.

monde, se considérèrent comme spoliés; ils coururent sus aux étrangers et les traitèrent en pirates. Malheureusement ni la France, ni l'Angleterre, ni les autres nations européennes ne possédaient de marines en état de lutter avec celle de l'Espagne, établie de longue date sur un pied formidable. Il leur fallut courber la tête, dévorer leur honte et reconnaître leur impuissance.

Ce fut alors, au moment précis où la souveraineté maritime de l'Espagne paraissait être le plus solidement assurée, que des aventuriers isolés, naufragés des discordes civiles et proscrits des guerres de religion qui avaient cherché un abri précaire sur quelques îlots perdus de l'Atlantique, menacés dans ce dernier asile, résolurent de faire ce que l'Europe tout entière n'avait osé tenter, et jetèrent hardiment le gant au colosse castillan.

Ces aventuriers, appartenant à toutes les nations, parlant toutes les langues, professant toutes les religions, mais liés entre eux par la solidarité de la misère et la haine de l'oppression, formèrent cette formidable association des *Frères de la Côte* qui devait, pendant près d'un siècle, tenir en échec la puissance espagnole et former le noyau des colonies européennes dans le nouveau monde.

A l'époque où se passe notre histoire, nos bâtiments de guerre, fort peu nombreux, ne quittaient les ports que pour de courtes excursions le long des côtes, de sorte que notre marine marchande se protégeait comme elle pouvait sans que le gouvernement s'en souciât autrement; aussi, la plupart des navires du commerce avaient-ils des équipages nombreux et des canons pour se défendre contre les pirates barbaresques et autres dont les mers étaient infestées.

De sorte que, bien que la France et l'Espagne fussent en paix, notre gouvernement fermait volontairement les yeux sur les armements qui se faisaient dans les ports, et feignait de prendre pour des marchands paisibles les hardis corsaires qui venaient s'y ravitailler ou même en sortaient après y avoir été construits pour courir sus aux galions espagnols.

Aussi les corsaires, assurés d'avance de l'impunité, et au besoin de la protection des autorités françaises, ne prenaient aucun souci de déguiser leurs allures tant soit peu débraillées, et agissaient à Dieppe, Nantes ou Brest, avec autant de laisser-aller que s'ils se fussent trouvés aux débouquements des Antilles.

En effet, que pouvait dire le gouvernement français aux aventuriers? Rien, puisque, pour mieux les assurer de sa protection, il se chargeait de choisir lui-même le gouverneur qui résidait au milieu d'eux afin de prélever en son nom la dîme sur les prises faites aux Espagnols.

Ceci était clair et causerait inévitablement aujourd'hui un *casus belli;* mais alors il n'en était pas ainsi, les questions étaient interprétées d'autre sorte; il était tacitement convenu entre les gouvernements que tout ce qui se faisait de l'autre côté de l'équateur ne devait en rien altérer la paix européenne.

Ainsi, les mers américaines se trouvaient de fait neutralisées au bénéfice des Frères de la Côte qui profitaient de cette facilité pour les sillonner dans tous les sens à la poursuite des galions castillans.

Nous fermerons maintenant cette parenthèse, sans doute beaucoup trop longue, mais indispensable pour l'intelligence des faits qui vont suivre, et nous reprendrons notre histoire au point où nous l'avons laissée, c'est-à-dire au moment où Philippe, après son entretien avec doña Juana, était sorti de l'église de la Merced en proie à une émotion que, malgré toute sa puissance sur lui-même, il ne pouvait parvenir à dissimuler entièrement.

Dès qu'il se retrouva dans la rue, il baissa les ailes de son feutre sur ses yeux et reprit à pas lents le chemin de l'hôtellerie.

Son cheval était sellé et tenu en bride par le peon qui, à son arrivée, lui avait dit de se rendre à l'église. Le jeune homme se mit en selle, jeta une pièce d'or au peon et sortit de la cour.

Il n'avait plus rien à faire dans la ville ; la prudence lui commandait donc de la quitter le plus tôt possible. Cependant il ne pressa point l'allure de son cheval et s'éloigna au pas, sans s'occuper le moins du monde du danger terrible qui le menaçait s'il était, malgré son déguisement, reconnu pour ce qu'il était réellement, c'est-à-dire pour un flibustier.

La guerre que se faisaient les Espagnols et les boucaniers était une guerre implacable et sans merci : tout prisonnier fait par les Espagnols était immédiatement pendu ; les flibustiers se contentaient de leur brûler la cervelle : là était la seule différence. Les procédés étaient, du reste, aussi expéditifs d'un côté que de l'autre.

Heureusement pour le jeune homme, il était midi, un soleil torride calcinait la terre, et les habitants de San-Juan-de-Goava, réfugiés au plus profond de leurs maisons pour fuir la chaleur qui les accablait, faisaient la siesta portes et persiennes fermées, si bien que les rues étaient complètement désertes, et que, vu le silence qui planait sur la ville, elle ressemblait, à s'y méprendre, à cette cité des *Mille et une Nuits* dont un enchanteur avait subitement changé tous les habitants en statues.

Philippe atteignit sans encombre une poterne que, moyennant une piastre, un lancero à demi éveillé lui ouvrit en grommelant et verrouilla solidement derrière lui, et bientôt il se trouva dans la campagne.

Devant lui s'étendaient d'immenses savanes couvertes d'une luxuriante végétation et coupées çà et là par des cours d'eau presque taris. Après avoir jeté un regard en arrière sur la ville qui déjà était à demi cachée par les arbres, il poussa un profond soupir, et se penchant sur le cou de son cheval, il partit au galop, sans tenir compte de la chaleur qui augmentait d'instant en instant et devenait réellement insupportable. Philippe avait besoin, par un exercice violent et une grande fatigue physique, de donner le change à ses pensées.

Depuis plus de deux heures, il galopait ainsi. Son cheval commençait à se fatiguer et à ralentir son allure, lorsque tout à coup une voix joyeuse s'écria presque à son oreille :

— Pardieu ! je savais bien, moi, que je le rencontrerais par ici.

Le jeune homme s'arrêta court et regarda avec étonnement autour de lui.

Un homme assis sur une pierre, à l'ombre d'un gigantesque maguey, le regardait d'un air goguenard en tirant des bouffées de fumée d'une pipe à court tuyau placée au coin de sa bouche.

— Pitrians ! s'écria-t-il avec étonnement, que diable fais-tu ici, mon brave ?

— Pardieu ! je vous attends, monsieur Philippe, répondit-il en se levant et venant prendre la bride du cheval pendant que le jeune homme mettait pied à terre.

Ce Pitrians était un grand gaillard, large d'épaules, âgé de trente à trente-cinq ans au plus. Sa physionomie, pleine d'intelligence et de bonne humeur, était comme éclairée par des yeux gris toujours en mouvement et pétillants d'audace et de finesse ; sa peau ridée et hâlée par le vent, la pluie, le soleil et la mer, était devenue d'une couleur de brique foncée qui le faisait ressembler bien plus à un Caraïbe qu'à un Européen, bien qu'il fût Français et Parisien.

Son costume était des plus simples et des plus primitifs ; il se composait d'une petite casaque de toile et d'un caleçon qui ne descendait que jusqu'à la moitié de la cuisse. Il fallait le regarder de près pour reconnaître si ce vêtement était de toile ou non, tant il était maculé de sang et de graisse. Un vieux fond de chapeau avec une visière cousue par devant lui servait de coiffure ; il portait à la ceinture un étui de peau de crocodile dans lequel étaient quatre couteaux avec une baïonnette, et il avait placé auprès de lui, à portée de sa main, un de ces longs fusils que Brachie de Dieppe et Gelin de Nantes fabriquaient exprès pour les boucaniers. En un tour de main, Pitrians enleva la selle du cheval et commença à le bouchonner vigoureusement, tout en grommelant entre ses dents.

— Qu'est-ce que tu rabâches, animal ? lui demanda en riant le jeune homme, qui s'était commodément couché à l'ombre et jouait avec les *venteurs* de l'engagé.

— Animal ! fit-il en haussant les épaules ; parbleu ! je le sais bien ; votre cheval aussi est un animal. Est-il possible d'abîmer ainsi une noble bête !

Philippe se mit à rire.

— Bon ! dit-il, grogne, cela te soulagera. A propos, tu sais que je meurs de faim : as-tu quelque chose à me mettre sous la dent ?

L'engagé ne parut pas entendre cette question et continua à panser le cheval. Philippe connaissait l'homme de longue date ; il n'insista pas et attendit patiemment qu'il lui plût de s'occuper de lui.

Pitrians conduisit le cheval à l'ombre, lui donna à boire, plaça devant lui deux ou trois brassées d'herbe, puis il se rapprocha du jeune homme qui feignait de ne plus songer à lui.

— Ainsi, vous dites donc que vous avez faim, reprit-il brusquement.

— Parbleu ! je le crois bien ; je n'ai rien pris depuis hier.

— S'il y a du bon sens à rester si longtemps sans manger ! fit-il d'un ton de mauvaise humeur. Mais vous devez être affamé alors ?

— Je l'avoue, j'ai très faim.

— Je le crois pardieu bien ; heureusement que je suis homme de précaution, moi, et qu'on ne me prend pas en défaut ; regardez sous ma tente.

Philippe regarda ; il y avait un épais morceau de viande bouillie placé sur une feuille en guise de plat, et une calebasse pleine de pimentade.

— Je savais bien que vous me demanderiez à manger. Aussi, vous le voyez, je me suis mis en mesure.

— Tu es un homme précieux, dit Philippe en s'emparant des vivres ; est-ce que tu ne me tiens pas compagnie ?

Ils s'assirent en face l'un de l'autre, prirent leurs couteaux et le repas commença.

—Maintenant, dit le jeune homme, tout en mettant les morceaux doubles, tu vas me faire le plaisir de m'expliquer comment il se fait que je te trouve ici, hein?

— Oh! c'est bien facile : je vous cherchais.

— Comment, tu me cherchais?

— Dame! le capitaine Pierre Legrand m'a dit ce matin : « Il faut absolument que je voie mon matelot ce soir au *Saumon couronné;* je ne sais pas où diable il est fourré. Cherche-le, Pitrians, et surtout ne reviens pas sans lui. » Alors, je me suis mis en chasse, voilà tout.

— Tu t'es mis en chasse, c'est fort bien; mais comment se fait-il que tu aies pris plutôt cette direction qu'une autre?

Pitrians se mit à rire.

— Pardieu! dit-il, rien de plus simple : j'ai fait sentir un de vos habits à Miraud que voilà, en lui disant : « Cherche, Miraud, cherche! » La bonne bête a tourné et retourné pendant quelques minutes, puis elle a pris votre piste et m'a conduit; comprenez-vous maintenant?

— A peu près, répondit le jeune homme en jetant un regard soupçonneux à l'engagé; ah çà! mais, c'est donc bien sérieux, ce que mon matelot veut me dire?

— Il paraît.

— Tu ne sais rien?

— Ma foi non, pas la moindre chose; seulement il vous attend sans faute au *Saumon couronné.*

— J'y serai.

— Et moi, vous en êtes-vous occupé, monsieur Philippe?

— Oui, j'ai fait ton affaire.

— Bien vrai?

— Foi de gentilhomme! Tu es à moi maintenant; je t'ai acheté à Pierre pour quatre venteurs et un baril de poudre.

— Ce n'est pas trop cher.

— Il tenait à toi en diable.

— Je le crois bien; il aura de la peine à en trouver un autre comme moi.

— Ainsi, voilà qui est fait; tu peux être tranquille.

— Merci, vous de même; je suis à vous à pendre et à dépendre pour deux ans, puis je serai libre.

— C'est convenu.

— Alors, vive la joie! Je ne donnerais pas ma position présente pour cent louis à l'effigie du roi de France; à propos, j'ai apporté votre fusil, votre corne à poudre et votre sac à balles.

— Bah! à quoi bon?

— On ne sait pas, maître; un malheur est bien vite arrivé, et, à mon avis, rien n'est plus bête que de se faire tuer de but en blanc, sans savoir pourquoi.

— Au fait, tu as raison.

Et tout en parlant, il prit le fusil, le chargea et le plaça auprès de lui.

La halte des aventuriers avait été longue; la chaleur était si étouffante qu'ils avaient préféré laisser tomber la plus grande ardeur du soleil avant de se remettre en route. Il était environ cinq heures du soir, lorsque enfin ils songèrent au départ.

Pitrians tordit sa tente de fine toile qu'il s'attacha en bandoulière, harnacha le cheval, et Philippe allait se mettre en selle, lorsque les venteurs dressèrent subitement les oreilles, sentirent le vent et commencèrent à pousser de petits cris plaintifs et étouffés.

— Hein? fit Pitrians, qu'est-ce que c'est que cela? Est-ce qu'il y a des Gavachos aux environs, mes bons chiens?

Les venteurs fixèrent des yeux flamboyants sur l'engagé et remuèrent la queue en se flâtrant, la tête tournée vers la sente qui conduisait à la ville.

— Voyons donc un peu cela, hein, mes beaux! fit-il; et il s'élança vers un arbre dont il embrassa le tronc et sur lequel il monta avec l'adresse et la rapidité d'un singe.

Au bout de quelques instants il redescendit.

— Il nous arrive une visite, dit-il.

— Bon! soyons polis alors et préparons-nous à la bien recevoir, répondit Philippe en riant. Sont-ils beaucoup?

— Une vingtaine tout au plus, à ce que j'ai pu distinguer.

— Peuh! ce n'est guère.

— C'est mon avis. Ils me paraissent d'ailleurs assez pacifiques, ce sont des lanceros qui escortent une litière portée par des mules.

— Bah! laissons-les venir.

Au bout de quelques instants les grelots des mules et le claquement du fouet du mayoral s'entendirent distinctement à une courte distance.

Les deux aventuriers s'élancèrent résolument, le fusil à la main, et se placèrent au milieu du sentier.

— Halte! cria Philippe d'une voix tonnante.

Mais cette injonction était inutile; à l'apparition imprévue des aventuriers, mules et soldats s'étaient arrêtés nets comme d'un commun accord, tant la folle audace de ces deux hommes les avait épouvantés.

Les aventuriers échangèrent entre eux un sourire railleur et jetant nonchalamment leur fusil sous le bras ils s'avancèrent vers la litière.

— Où allez-vous ainsi, Gavachos maudits? demanda rudement Philippe, à un homme long et jaune, tremblant de tous ses membres, qui semblait le chef de la caravane.

— Nous voyageons, noble caballero, répondit le quidam d'une voix inarticulée en saluant humblement.

— Voyez-vous cela, dit en riant l'engagé, et vous voyagez ainsi sans autorisation?

L'autre ne répondit pas et regarda autour de lui avec terreur. On voyait les lances des soldats osciller dans leurs mains tant leur épouvante était grande.

— Allons, reprit railleusement l'engagé, faites-nous voir un peu la personne si bien calfeutrée dans cette litière, afin que nous jugions du degré de considération qui lui est dû.

— Qu'à cela ne tienne, señor, dit une voix douce et pénétrante à l'accent de laquelle Philippe se sentit subitement tressaillir.

Les rideaux de la litière s'écartèrent et le charmant et gracieux visage de doña Juana s'encadra dans l'intervalle.

Philippe ordonna d'un coup d'œil à Pitrians de garder le silence, et mettant le chapeau à la main :

— Señorita, dit-il, en s'inclinant respectueusement, veuillez excuser une indiscrète curiosité et continuer votre route, nul, je vous le jure, ne vous inquiétera.

— Je vous excuse, caballero, répondit-elle avec un doux sourire; et s'adressant au mayoral : Touchez, dit-elle.

— Permettez-moi de former des vœux pour la réussite de votre voyage, señorita, reprit le jeune homme avec tristesse.

— J'espère qu'il sera heureux, dit-elle avec intention, car il a bien commencé.

Elle salua une dernière fois de la main et la litière s'éloigna.

Philippe demeura immobile, courbé, le chapeau à la main, jusqu'à ce que la caravane eût disparu à l'angle du sentier; et se redressant tout à coup en poussant un profond soupir :

— Tu as vu cette femme, n'est-ce pas? Pitrians, dit-il d'une voix étouffée à l'engagé : eh bien! cette femme, je l'aime, elle est ma fiancée, elle emporte mon cœur avec elle.

— Bon! fit en riant Pitrians, il faudra bien qu'elle vous le rende quand pour la retrouver nous devrions saccager toutes les colonies espagnoles.

— J'ai fait serment de l'épouser.

— Un serment est sacré pour un gentilhomme. Nous tiendrons celui-là; je ne sais pas comment nous y parviendrons, par exemple; mais mon père, qui n'était pas bête, disait que tout vient à point à qui sait attendre, et, ma foi, il avait raison.

Dix minutes plus tard les aventuriers prenaient la route de Port-de-Paix, où ils arrivèrent à neuf heures du soir.

IV

L'ONCLE ET LE NEVEU

Philippe avait congédié son engagé et s'était rendu en toute hâte au *Saumon couronné*, inquiet malgré lui de ce rendez-vous auquel il ne comprenait rien ; il fallait que des circonstances fort graves eussent surgi pour que Pierre Legrand, au lieu de l'attendre tout simplement à leur logis commun, l'eût ainsi convoqué, dans une auberge, à une heure aussi avancée de la nuit.

La présence de son oncle, qu'il croyait à Saint-Christophe, dont il était gouverneur, fut pour lui un trait de lumière et un avis de se tenir sur ses gardes.

En effet, M. d'Ogeron était non seulement un homme d'action fort jaloux de l'honneur des aventuriers dont pendant plusieurs années il avait partagé les hasards, mais en sus séduit, malgré lui peut-être, par les charmes de cette existence toute d'émotions et d'imprévu, il s'était voué corps et âme au bonheur de ses compagnons d'armes et avait rêvé d'organiser leurs retraites précaires et de donner à la France de riches colonies en métamorphosant tous ces hardis oiseaux de proie, ces téméraires écumeurs de mers en habitants paisibles et en colons laborieux.

Ce projet, digne en tous points de cet homme d'un esprit si élevé et d'une intelligence si vaste, il en poursuivait sans relâche l'exécution par tous les moyens, sacrifiant jusqu'à sa fortune personnelle à sa réalisation.

Il avait, en un mot, repris en sous-œuvre la grande pensée de Richelieu qui ne tendait à rien moins qu'à parvenir, sinon à détruire complètement le pouvoir immense des Espagnols en Amérique, chose impossible quant au présent, mais du moins à le balancer si bien, qu'une grande partie des richesses du nouveau monde serait, au profit de la France, enlevée à l'Espagne.

Le gouvernement français avait semblé comprendre la grandeur de cette noble et patriotique idée; trop faible pour appuyer efficacement M. d'Ogeron par des démonstrations belliqueuses, il n'avait pu que l'encourager secrètement à persévérer et lui donner carte blanche, s'engageant d'avance à ratifier tout ce qu'il lui plairait de faire.

Si précaire que fût cet appui tout moral, M. d'Ogeron s'en était contenté et s'était hardiment mis à l'œuvre.

Mais la tâche était des plus ardues : les flibustiers, habitués à la liberté la plus entière, à la licence la plus effrénée, n'étaient nullement disposés à courber la tête sous le joug que leur voulait imposer le gouverneur de Saint-Christophe; ils prétendaient, avec une certaine apparence de raison, que la France, qui les avait rejetés de son sein comme des membres gangrenés de sa famille et les avait abandonnés à eux-même lorsqu'ils étaient faibles, n'avait pas le droit, maintenant que leur audace les avait rendus forts, de s'ingérer dans leurs affaires et de prétendre leur dicter des lois.

Tout autre que M. d'Ogeron aurait sans doute reculé devant cette tâche difficile de discipliner ces hommes indomptables ; mais cette puissante intelligence, soutenue par la conviction d'une grande et noble action à accomplir, se sentit aiguillonnée au contraire par les obstacles, imprévus pour la plupart, qui, à chaque pas, surgissaient de tous côtés à la fois pour entraver la réussite de ses projets; et quatre années ne s'étaient pas écoulées encore depuis que M. d'Ogeron avait commencé cette œuvre gigantesque de réhabilitation morale, que déjà ses essais avaient porté leurs fruits et un changement notable commençait à se laisser voir dans les mœurs des aventuriers; malgré eux, ils subissaient l'influence paternelle de cet homme qui s'était dévoué à leur bonheur et qu'ils étaient accoutumés à respecter comme un père.

M. d'Ogeron avait compris que, pour atteindre son but, il lui fallait non pas attaquer de front les lois et les coutumes de la société des Frères de la Côte, mais prendre hardiment au contraire l'initiative en se mettant lui-même à la tête de cette société, en régularisant ses actes et dirigeant ses entreprises.

Quelques minutes plus tard les deux dames quittèrent enfin l'église.

Les aventuriers, flattés de voir un pareil homme à leur tête, ne lui avaient opposé qu'une assez molle résistance, convaincus de l'avantage qu'ils retireraient d'une direction ferme et intelligente.

Ce résultat obtenu, M. d'Ogeron était parti pour la France; et bien qu'à cette époque on se trouvât en pleine Fronde, et que l'autorité royale, attaquée de toutes parts, fût dans une situation précaire, il se rendit à Bouillon, où s'était retiré le cardinal Mazarin que les princes avaient contraint de s'éloigner, mais qui cependant, de ce lieu d'exil, dirigeait secrètement les affaires du roi.

Le ministre reçut l'aventurier avec distinction, l'engagea à persévérer, lui accorda gracieusement toutes ses demandes, et M. d'Ogeron, sans perdre un instant, avait quitté Bouillon et était allé à Dieppe où il s'était embarqué pour revenir à Saint-Christophe.

Mais bien des événements s'était passés en son absence, qui contraignirent le gouverneur à modifier les plans qu'il avait conçus et à ajourner pour quelque temps ses projets de réforme.

Les Espagnols avaient pris une rude initiave contre les flibustiers, les avaient battus en plusieurs rencontres, s'étaient emparés d'un grand nombre d'entre eux, qu'ils avaient pendus sans autre forme de procès, et finalement, par un hardi coup de main, avaient surpris l'île de la Tortue qu'ils avaient fortifiée aussitôt d'une façon formidable, et dans laquelle ils avaient laissé une nombreuse garnison commandée par un officier brave et expérimenté.

La perte de l'île de la Tortue portait un coup fatal à la puissance des aventuriers, en les privant d'une retraite sûre à portée de Saint-Domingue, et, par conséquent, sur le passage des galions espagnols.

De plus, c'était un échec honteux et une tache imprimée en caractères de sang sur l'honneur des flibustiers, réputés jusque-là invincibles.

Il fallait, à quelque prix que ce fût, reprendre l'île de la Tortue, ce nid d'aigle, d'où s'élançaient si sûrement les flibustiers pour fondre à l'improviste sur les colonies espagnoles.

A peine de retour dans son gouvernement, M. d'Ogeron, sans même dénoncer sa présence aux habitants de l'île, avait endossé un costume de flibustier, et monté, lui troisième, sur une chétive barque qui faisait eau de toutes parts, il avait réussi à passer inaperçu au milieu des nombreux croiseurs espagnols, et après une traversée de dix-sept jours, pendant laquelle il avait cent fois failli périr, il avait réussi à débarquer sain et sauf à Port-de-Paix. En mettant le pied sur la plage de Saint-Domingue, le gouverneur avait expédié un de ses hommes à Pierre Legrand, vieux flibustier qu'il connaissait de longue date, s'était abouché avec lui, et, après lui avoir dévoilé une partie de ses projets, il lui avait donné rendez-vous au Saumon couronné, afin de prendre les dernières mesures pour la réussite de son projet, et s'entendre avec son neveu Philippe, dont l'influence était grande parmi les flibustiers, à cause de son énergie peu commune, de son courage de lion et surtout du bonheur qui s'attachait à toutes ses entreprises.

Il avait suivi sur le visage du jeune homme l'expression d'angoisse qui s'y était montrée subitement lorsqu'il avait été fait mention de l'île de la Tortue.

Le vieillard fronça le sourcil, et, fixant un clair regard sur le jeune homme :

— Que signifie cela ? Philippe, lui demanda-t-il ; hésiterais-tu donc à attaquer les Espagnols !

— Non, mon oncle, répondit-il avec un embarras visible; je n'hésite pas, Dieu m'en garde.

— Seulement tu refuses, fit-il en raillant.

Le jeune homme devint plus pâle, s'il est possible, à cette mordante ironie.

— Vous vous méprenez sur le sens de mes paroles, mon oncle, répondit-il respectueusement.

— Alors, explique-toi franchement, comme un homme, dit le gouverneur avec impatience ; qu'on sache au moins ce que tu as dans le ventre.

Bien que fort âgé, M. d'Ogeron, toujours jeune de cœur et d'intelligence, avait conservé de son ancienne vie d'aventures une irritabilité qui, à la plus légère contradiction, lui faisait monter le sang au visage et allumait en lui de terribles colères.

— Je ne demande pas mieux que de m'expliquer, mon oncle; seulement je ne le ferai qu'à une condition.

— Laquelle? parle.

— C'est que vous m'écouterez paisiblement et sans vous fâcher.

— Et où diable vois-tu que je me fâche, sacrebleu ! s'écria l'irascible vieillard, en frappant du poing sur la table de façon à la rompre.

— Bon! vous voyez bien, voilà que vous commencez.

— Va au diable!

— Je ne demande pas mieux, répondit-il, en faisant un mouvement en arrière.

Mais son oncle l'arrêta prestement par les basques de son habit.

— Allons, reste ici, et causons, dit-il d'un ton aigre-doux.

— Soit; aussi bien mieux vaut en finir tout de suite.

— C'est mon avis.

— Vous voulez prendre la Tortue?

— Je le veux.

— Avec quoi?

— Comment, avec quoi?

— Dame! vous n'avez pas la prétention de vous en emparer à vous tout seul, j'imagine.

— Parbleu!

— Alors, que comptez-vous faire? La garnison espagnole est considérable ; l'officier qui la commande est expérimenté; toujours il est sur ses gardes, sachant fort bien qu'un jour ou l'autre nous tenterons de le surprendre; de plus, il a hérissé l'île de fortifications de toutes sortes.

— Je sais tout cela, après?

— Comment après?

— Oui, prétends-tu dire par là que l'île de la Tortue soit imprenable?

— Je ne prétends pas dire cela, loin de là; seulement je veux vous faire comprendre les difficultés de cette expédition, surtout en ce moment.

— Pourquoi plutôt à présent que plus tard?

— Parce que tous nos frères les plus braves sont à la course, et qu'il ne reste presque personne ici.

— J'ai déjà fait cette observation à M. d'Ogeron, dit Pierre Legrand en secouant le foyer de sa pipe sur le coin de la table.

— Et qu'ai-je répondu à cette observation?

— Vous avez répondu qu'on se passerait des absents.

— Et je le réponds encore, entendez-vous? mon neveu.

— J'entends fort bien, mon oncle.

— Eh bien! maintenant, voulez-vous que je vous donne mon avis sur tout cela, monsieur?

— Je serais flatté de le connaître, mon oncle.

— Mon avis, le voici, monsieur : c'est que, pour des motifs que j'ignore, mais que je découvrirai, soyez tranquille, vous ne vous souciez pas que la Tortue soit attaquée.

— Oh! mon oncle, fit-il en rougissant, pouvez-vous supposer pareille chose!

— Allons, allons, mon neveu, il n'y a point de faux-fuyants avec moi, je suis trop vieux pour qu'on m'en donne à garder, moi.

Le jeune homme fit un violent effort sur lui-même.

— Est-ce bien réellement, dit-il d'une voix brève, que vous nous proposez d'enlever l'île?

— Certes, bien réellement.

— Alors, écoutez-moi, mon oncle.

— Je ne demande pas mieux, voilà une heure que je t'invite à parler.

— Cette affaire est trop grave, continua-t-il, pour être traitée ici, où tout le monde est libre de pénétrer; de plus, l'hôtelier n'est pas sûr, les espions espagnols sont nombreux à Port-de-Paix, notre projet serait dévoilé à l'ennemi aussitôt que conçu.

— Bon, tout ceci est fort bien, voilà comme j'aime à t'entendre parler; continue.

— Conservez votre incognito, mon oncle, il est au moins inutile que votre présence soit connue. Pierre et moi nous convoquerons pour après-demain nos frères, à l'îlot du Marigot, en face du Port-Margot.

— Pourquoi après-demain? pourquoi sur l'îlot?

— Parce que, sur l'îlot, nul ne pourra nous espionner, que nous serons chez nous et que nous causerons à notre aise.

— Bon, mais après-demain, c'est bien tard.

— Il nous faut le temps de prévenir nos amis; de plus, nous avons besoin de renseignements positifs sur l'état de défense de la Tortue.

— C'est vrai, mais ces renseignements, qui me les fournira?

— Moi, pardieu, je m'introduirai dans l'île, et rapportez-vous-en à moi, rien ne m'échappera.

— Nous irons tous deux, matelot, dit vivement Pierre.

— Merci, matelot, j'irai seul, cela vaudra mieux; un homme seul se cache toujours, deux risquent de tomber dans une embuscade.

— Comme tu voudras, matelot.

— Est-ce convenu, mon oncle?

— Oui, vive Dieu! c'est convenu, Philippe, tu es un vrai gars! Je suis fâché à présent de m'être emporté contre toi.

— Bah! Oubliez cela, mon oncle, je ne m'en souviens plus moi-même.

— Voilà qui est dit : à après-demain.

— Entendu.

— Surtout ne te fais pas tuer.

— Pas si bête! les Gavachos ne me verront pas.

— Maintenant, que faisons-nous?

— Nous allons rentrer : il commence à être tard, et vous devez avoir besoin de repos.

— Ainsi tu m'offres l'hospitalité, Pierre?

— Pardieu! il ferait beau voir qu'il en fût autrement!

Pierre appela l'hôte, paya la dépense, et les trois hommes se levèrent pour se retirer.

Au moment où ils atteignaient la porte, un éclair sillonna l'obscurité et un épouvantable coup de tonnerre fit vibrer les vitres.

— Eh! eh!... Qu'est cela? dit M. d'Ogeron.

— L'ouragan qui commence, répondit Pierre. Voilà deux jours qu'il menace. Je plains les navires qui essayent d'atterrir par une semblable bourrasque.

— Chut! s'écria tout à coup Philippe en leur posant la main sur le bras, et, penchant vivement la tête en avant : Avez-vous entendu?

— Quoi donc? firent-ils.

— Le canon!

— Comment, le canon?... s'écrièrent-ils avec anxiété.

— Écoutez! écoutez!...

Ils prêtèrent l'oreille : quelques secondes s'écoulèrent.

Puis un bruit faible, mais auquel un marin expérimenté ne pouvait se méprendre, se fit entendre à deux reprises différentes.

— C'est le canon! s'écrièrent-ils.

— Un navire en perdition.

— Oui, oui, dit M. d'Ogeron en hochant tristement la tête; il tire le canon de détresse, car la brise le drosse rondement à la côte et il se sent perdu; mais qui peut tenter de lui venir en aide par une tourmente comme celle-ci?

— Pardieu! ce sera moi, à défaut d'autre! s'écria noblement Philippe.

— Ce sera nous! répéta Pierre en ôtant tranquillement son bel habit brodé et le pliant avec soin de crainte de le gâter.

— Mais vous êtes fous! mes maîtres, dit M. d'Ogeron, vous serez noyés vingt fois avant seulement d'apercevoir ce navire. D'ailleurs, qui vous dit que ce soit un des nôtres? C'est probablement un croiseur espagnol qui s'est laissé affaler.

— Tant mieux! alors, mon oncle, dit gaiement Philippe.

— Comment, tant mieux! Pourquoi cela?

— Parce que nous le prendrons! fit-il en riant.

M. d'Ogeron, confondu par cette réponse, baissa la tête en joignant les mains et haussant les épaules. Une telle témérité dépassait tout ce qu'il avait vu jusqu'alors.

— Ah! je regrette bien Pitrians en ce moment, dit Pierre.

— Pourquoi donc cela, monsieur? dit l'engagé en paraissant subitement.

— Ah! te voilà, mon gars! sois le bienvenu. Tu es donc sorcier?

— Non; seulement je me doutais qu'on aurait besoin de moi ici, et je suis venu.

— Tu as bien fait. Avec toi et mon matelot, je suis certain que nous réussirons.

— Qui en doute? répondit simplement Pitrians sans même demander de quoi il s'agissait.

— Alerte! cria Philippe : trouvons un canot.

— Ce ne sera pas difficile, dit Pierre en riant.

Et tous trois, laissant M. d'Ogeron sur le seuil de la porte de l'auberge, s'élancèrent en courant vers la plage.

V

LE DUC DE PEÑAFLOR

Un mois environ avant l'époque où commence notre histoire, un homme, monté sur un fort cheval rouan, et soigneusement enveloppé dans les plis épais d'un long manteau, suivait le chemin à peine tracé qui conduit de Medellin à la Vera-Cruz.

Il était à peu près onze heures du matin, la brise de mer était tombée et la chaleur commençait à devenir accablante dans cette plaine aride et sablonneuse qui enserre la ville et qu'il traversait au petit pas de son cheval.

Après avoir interrogé les environs d'un regard soupçonneux, le cavalier, rassuré par la solitude complète qui l'entourait, se décida à se débarrasser de son manteau et à le jeter plié en deux sur le pommeau de sa selle.

Il fut alors facile de reconnaître un jeune homme de vingt-deux ans à peine, aux traits fins et distingués; son front large, ses yeux noirs et bien fendus, sa bouche railleuse surmontée d'une légère moustache brune, donnaient à son visage, d'un ovale parfait, une expression d'orgueil, de dédain et de dureté indicibles; sa taille était haute et bien prise; ses membres bien attachés et vigoureux; ses gestes et toutes les habitudes de son corps avaient une élégance et une désinvolture suprêmes.

Son costume, de velours noir galonné d'or, faisait admirablement ressortir la pâleur mate de son teint; une courte épée à fourreau d'argent, attachée à son flanc gauche, prouvait qu'il était de noblesse, car seuls les gentilshommes avaient, à cette époque, le droit de porter l'épée; son chapeau, de poil de vigogne, à forme basse et à larges ailes, laissait échapper de longues boucles de cheveux noirs, qui tombaient en désordre sur ses épaules; de fortes bottes, en cuir jaune et garnies de lourds éperons en argent, montaient jusqu'au-dessus de ses genoux.

En somme, c'était un brillant cavalier, dont l'apparence don juanesque devait plaire aux voluptueuses Vera-Cruzenes et rendre jaloux bien des maris.

A quelques pas de la ville seulement il reprit son manteau, puis il passa la Guarita et bientôt il atteignit les premières maisons du faubourg de la Tejeria.

Du reste, notre voyageur ne s'engagea pas bien avant dans le faubourg; arrivé au tiers environ, son cheval s'arrêta de lui-même devant une maison noire et lézardée, dont la porte massive et curieusement sculptée s'ouvrit aussitôt pour le recevoir.

Le jeune homme mit pied à terre et jeta la bride à un domestique d'un certain âge qui, après avoir refermé la porte, s'était approché de lui chapeau bas.

— M. le duc m'a-t-il demandé, Estevan? dit le jeune homme en espagnol au domestique.

— Deux fois, monsieur le comte, répondit respectueusement Estevan.

— Il n'a pas paru inquiet ou contrarié de mon absence?

— Contrarié, non, monsieur le comte; mais inquiet, oui.

— Il n'y a rien de nouveau ici?

— Non, monsieur le comte; pendant les deux jours que votre absence a duré, monseigneur est constamment demeuré enfermé dans ses appartements. Une fois seulement il est sorti pour prendre, je crois, congé de M. le gouverneur de la ville.

— Ainsi, M. le duc part?

— Les ordres sont donnés pour ce soir, monsieur le comte; rien n'est changé à ce que monseigneur avait arrêté.

— C'est bien. N'a-t-on rien apporté pour moi?

— Pardonnez-moi, monsieur le comte, un homme est venu ce matin, il y a une heure environ, accompagné de deux commissionnaires chargés de coffres.

— Bien; je vais remettre un peu d'ordre dans ma toilette, puis je me rendrai auprès de monseigneur. Veuillez le prévenir de mon retour, Estevan.

Le domestique s'inclina, remit le cheval à un garçon d'écurie et entra dans la maison par une porte de dégagement, tandis que le jeune homme y pénétrait, lui, par l'entrée principale.

L'inconnu monta un étage, tourna la clef d'une porte et se trouva dans une antichambre, où plusieurs coffres étaient rangés près du mur; c'étaient ceux dont lui avait parlé Estevan. Le jeune homme traversa cette pièce sans s'y arrêter et entra dans une chambre à coucher, la sienne probablement, car il se mit aussitôt en devoir de procéder aux soins que réclamait sa toilette froissée et défraîchie par les accidents de la route.

Il avait complètement changé de costume et jetait un dernier coup d'œil à son miroir lorsque Estevan parut.

— Que désirez-vous? lui demanda-t-il.

— M. le duc attend monsieur le comte dans la salle à manger, répondit le domestique en s'inclinant.

— Allez, je vous suis, dit-il.

Ils descendirent au rez-de-chaussée, traversèrent plusieurs pièces richement meublées et la plupart remplies de valets en grande livrée, de pages et d'écuyers debout ou assis, qui saluèrent silencieusement le jeune homme, et ils s'arrêtèrent enfin devant une porte auprès de laquelle se tenaient deux huissiers, la chaîne d'or au cou.

Un des huissiers ouvrit la portière et annonça :

— El señor conde don Gusman de Tudela.

Le comte entra, suivi par Estevan, qui ne portait pas la livrée et paraissait être un serviteur de confiance.

Derrière eux la portière retomba et la porte fut fermée.

La pièce où se trouva alors le jeune homme était une salle à manger.

Deux personnes étaient assises devant une table dressée au milieu de la pièce et couverte de mets auxquels nul n'avait encore touché.

Un écuyer tranchant et deux domestiques vêtus de noir, une chaîne d'argent au cou, attendaient l'ordre de servir.

Des deux personnes assises devant la table, la première était un vieillard de soixante-dix ans au moins ; bien que ses cheveux et sa barbe fussent d'une blancheur éclatante, cependant il était encore droit et vert ; son œil noir était plein de feu et de jeunesse, l'expression de son visage était dure, sombre et triste. Il portait un costume tout en velours noir, brodé d'argent, et avait au cou les ordres réunis du Saint-Esprit et de la Toison d'or.

C'était le duc de Peñaflor.

La personne placée à ses côtés, plus jeune d'une trentaine d'années au moins, était son fils, le marquis don Sancho de Peñaflor.

Malgré ses quarante ans bien sonnés, c'était encore un jeune homme ; aucune ride ne sillonnait son front pur et uni comme s'il n'eût eu que vingt ans ; sa belle et mâle figure avait une expression de bonne humeur et d'insouciance qui tranchait avec la sombre gravité de son père.

Son costume, coupé à la dernière mode de la cour de France, était d'une richesse folle et lui seyait à ravir ; il jouait en ce moment avec le pommeau d'or ciselé de son épée, tout en fredonnant à demi-voix une seguidilla.

— Soyez le bienvenu, don Gusman, dit le duc en tendant au jeune homme une main que celui-ci baisa respectueusement ; nous vous attendions avec impatience.

— Monseigneur, répondit le comte, d'impérieuses raisons, indépendantes de ma volonté, ont seules été assez puissantes pour me retenir loin de vous.

— Nous ne vous adressons pas de reproches, monsieur ; plus tard, vous nous expliquerez ce que vous avez fait ; quant à présent, asseyez-vous ; et se tournant vers l'écuyer tranchant : Servez, ajouta-t-il.

Le comte prit place.

— Eh ! don Gusman, dit le marquis en le regardant curieusement, comme vous voilà brave, mon cher cousin, je ne vous connaissais pas ces magnifiques dentelles ; c'est du point d'Angleterre, n'est-ce pas ?

— Halte ! cria Philippe d'une voix tonnante.

— Oui, mon cousin, répondit-il.

— Vous donnerez, je vous prie, l'adresse du marchand à Estevan.

— Je ferai mieux, mon cousin, fit-il en souriant. Si ces dentelles vous plaisent si fort, je vous les offrirai.

— Vive Dios ! s'écria joyeusement le marquis en se frottant les mains, c'est juste, moi qui n'y songeais plus ; il est probable qu'il se passera du temps avant que vous ne...

— Êtes-vous fou, marquis, de dire de telles choses? interrompit rudement le duc en lui lançant un regard sévère.

Don Sancho baissa la tête en se mordant les lèvres.

Le repas continua silencieusement.

Le duc et le comte étaient préoccupés; seul le marquis conservait sa bonne humeur habituelle.

Lorsque les dulces et les confites eurent été placés sur la table, le duc fit un signe; les serviteurs disparurent. Les trois convives demeurèrent seuls.

Le marquis fit le geste de se lever.

— Que faites-vous? don Sancho, lui demanda le duc.

— Je vous laisse, mon père, répondit-il; vous avez à causer de choses sérieuses avec mon cousin; mieux vaut que je me retire.

— Demeurez, monsieur; l'affaire dont il s'agit vous touche plus que vous le supposez.

— Puisque vous le désirez, je resterai donc, mon père, bien que je ne voie pas en quoi ma présence puisse être utile ici.

Le duc lui présenta un pli cacheté.

— Lisez ceci que, pour vous, j'ai reçu ce matin.

— Un ordre royal! s'écria le marquis avec surprise.

— Oui, mon fils, S. M. le roi a daigné, à ma prière, vous nommer gouverneur de l'île de Santo-Domingo.

— Oh! mon père, que de reconnaissance! s'écria le marquis en baisant respectueusement la main du duc.

— J'ai voulu avoir près de moi le seul fils qui me reste.

— Comptez-vous donc quitter déjà la Nouvelle-Espagne, mon père?

— Le même courrier a apporté votre nomination et mon ordre de départ pour Panama.

— Quel honneur pour notre famille!

— Sa Majesté nous comble.

— Permettez-moi, monseigneur, dit le comte, de joindre mes félicitations à celles de mon cousin.

— Vous êtes un peu cause de ce qui arrive, don Gusman, répondit en souriant le duc.

— Moi, monseigneur? fit-il avec étonnement.

— Certes, mon enfant; pour assurer le succès de l'entreprise difficile qui vous est confiée, j'ai consenti, malgré mon grand âge, à reprendre le gouvernement de la riche province de Panama, convaincu que, certain d'être secouru par moi en toutes circonstances, vous n'hésiterez pas à faire votre devoir jusqu'au bout. Votre cousin et moi nous serons rendus presque en même temps que vous, don Sancho nous servira d'intermédiaire, de cette façon nous n'aurons pas à redouter de trahison et nous ne partagerons avec personne la gloire d'avoir délivré notre patrie des ennemis acharnés qui ont depuis tant d'années osé lui jeter un insolent défi.

— Je vous remercie, monseigneur, j'essayerai, je vous le jure, de justifier la confiance que vous avez daigné mettre en moi.

— Veuillez m'instruire en deux mots de ce que vous avez fait pendant ces deux jours que vous avez été absent, monsieur.

— Monseigneur, j'ai, je le crois, complètement rempli vos intentions; je me suis abouché avec l'homme qu'on vous avait désigné; cet homme est à présent à mon entière discrétion; aujourd'hui même je dois être présenté par lui au capitaine du brick *Le Caïman* qui, demain au plus tard, quittera le port pour se rendre à la côte.

— Et vous êtes sûr de cet homme?

— Comme de moi-même.

— Nous allons donc vous faire nos adieux, car nous aussi nous partons. J'ai rédigé certaines instructions dont vous ne vous écarterez pas, elles sont contenues dans ce papier, prenez-le et gardez qu'on vous l'enlève.

Le comte prit le papier des mains du duc.

— Ces instructions, monseigneur, je les apprendrai, puis, lorsqu'elles seront sûrement gravées dans ma mémoire, je brûlerai le papier.

— Ce sera plus prudent, fit en souriant le duc.

— Ainsi, mon cousin, nous serons ennemis là-bas, dit gaiement le marquis. Vive Dios! prenez garde à vous et surtout veillez à ne pas vous laisser surprendre par mes *cinquantaines*.

Le duc, la tête penchée sur la poitrine, réfléchissait profondément.

— Ce sont de rudes hommes que ceux avec lesquels vous allez vous trouver, continua le marquis, je les connais de longue date.

— Les avez-vous donc combattus, mon cousin?

— J'ai plusieurs fois eu affaire à eux, tantôt comme ami, tantôt comme ennemi, ce sont des démons! Et pourtant, ajouta-t-il avec un accent de mélancolie qui surprit fort le jeune homme, je ne saurais en mal parler; moins que tout autre je serais en droit de le faire.

— Veuillez m'expliquer, mon cousin...

— A quoi bon? interrompit-il vivement, vous les jugerez; retenez seulement ceci : ce sont des hommes dans toute l'acception du mot; ils ont tous les vices et toutes les vertus inhérents à la nature humaine, allant aussi loin dans le bien que dans le mal, toujours supérieurs aux événements quels qu'ils soient, et chez lesquels la haine du despotisme a engendré une licence effrénée qu'ils décorent du nom de liberté, mot qu'ils ont inventé et qu'eux seuls peuvent comprendre.

— D'après ce que vous me dites, mon cousin, je vois que mon apprentissage sera rude.

— Plus que vous ne le supposez, mon cousin. Dieu veuille que vous ne périssiez pas à la peine! Ah! murmura-t-il à demi-voix, pourquoi avez-vous accepté cette dangereuse mission?

— Que pouvais-je faire? répondit-il sur le même ton.

— C'est vrai, fit le marquis; et, jetant un regard sur le duc toujours absorbé dans ses pensées : Je ne puis causer avec vous ainsi que je le voudrais, don Gusman; cependant écoutez ceci : puisque me voilà gouverneur de Saint-Domingue, je pourrai, je le crois, vous servir; vous savez quelle amitié je professe pour vous; ne faites rien sans me consulter, peut-être mes conseils vous seront-ils utiles.

— Je suis touché jusqu'au fond du cœur de ce que vous me dites, mon cousin, mais comment ferai-je pour vous voir?

— Que cela ne vous inquiète pas, vous recevrez de mes nouvelles; je n'ai qu'un mot à ajouter : soyez prudent, le soupçon le plus léger serait le signal de votre mort : ces hommes-là ne pardonnent pas, j'en ai eu la preuve.

En ce moment le duc releva la tête, il passa la main sur son front et jetant un regard impérieux au marquis comme pour lui ordonner de garder le silence, il se pencha vers le comte, et avec un accent de douceur et de tendresse que celui-ci ne lui avait vu prendre que bien rarement, il lui adressa la parole.

— Mon enfant, lui dit-il, dans un instant nous nous quitterons peut-être pour ne nous revoir jamais; je ne veux pas me séparer de vous sans vous révéler certaines choses dont, pour le succès même de votre mission et l'apaisement de votre conscience dans l'avenir, il est nécessaire, je dirai plus, indispensable que vous soyez instruit.

— Je vous écoute avec respect et reconnaissance, monseigneur, répondit le jeune homme. Vous avez été un père pour moi, je vous dois tout; je serais le plus ingrat des hommes si je ne professais pas pour vous la vénération la plus sincère et la plus profonde.

— Je connais vos sentiments, mon enfant, j'ai confiance dans la bonté de votre cœur et dans la rectitude de votre jugement, c'est pourquoi je veux, avant notre séparation, vous donner enfin sur l'histoire de vos premières années les éclaircissements que jusqu'à ce jour je vous avais refusés. Notre famille, vous le savez, est une des plus nobles de l'Espagne, elle remonte aux premiers temps de la monarchie; nos ancêtres ont toujours porté haut l'honneur de notre nom, qu'ils nous ont jusqu'aujourd'hui transmis sans tache. Votre mère était ma sœur : vous voyez, mon enfant, que vous me tenez de fort près, puisque je suis votre oncle. Votre mère, doña Inez de Peñaflor, beaucoup plus jeune que moi, était encore une enfant lorsque je me mariai; à la mort de mon père je devins tout naturellement son tuteur. A l'époque dont je vous parle, mon cher Gusman, la France et l'Espagne étaient en guerre; pour certaines raisons inutiles à vous rapporter, ma sœur avait été placée par moi dans un couvent de la ville de Perpignan qui nous appartenait alors; quelques années se passèrent; Perpignan, assiégé par le cardinal de Richelieu en personne, fut forcé de se rendre après une longue et héroïque défense. La ville prise, j'accourus pour retirer ma sœur du couvent et la conduire en Espagne. Je la trouvai mourante, le couvent avait été pillé par les Français. Les religieuses, chassées et dispersées, s'étaient réfugiées où elles avaient pu, ma sœur avait trouvé un asile dans une pauvre famille espagnole, où j'eus beaucoup de peine à la découvrir. Inquiet de l'état dans lequel elle se trouvait, je mandai un médecin, ce que les pauvres gens qui l'avaient recueillie n'avaient osé faire à cause de leur misère. Ma sœur ne voulait pas voir le médecin; j'eus les plus grandes difficultés à lui persuader de le recevoir. Il demeura longtemps enfermé avec elle; lorsque enfin il partit, je m'empressai de le questionner; son visage était triste, il ne répondit que d'un air contraint et embarrassé à mes questions. J'entrai dans la chambre de ma sœur; elle pleurait; elle non plus ne me voulut rien dire. Le médecin revint vers le soir, je le questionnai de nouveau : il me donna quelques consolations banales et je crus m'apercevoir qu'il cherchait à m'éloigner. L'insistance qu'il mit à m'engager à prendre du repos me donna des soupçons, je pressentis un malheur; je feignis de consentir à ce qu'il me demandait, je sortis, mais dès qu'il fut entré dans la chambre de ma sœur, je me glissai dans un cabinet qui n'était séparé de cette chambre que par une cloison, et je prêtai l'oreille. Bientôt je n'eus plus rien à apprendre. La vérité tout entière me fut révélée : ma sœur était enceinte; elle avait été séduite et déshonorée par un officier français qui l'avait ensuite lâchement abandonnée. Que pouvais-je faire? pardonner à la pauvre enfant abusée. Je n'hésitai pas; seulement j'exigeai qu'elle me révélât le nom de son séducteur. Cet homme portait un des plus beaux noms de la noblesse française; j'allai le chercher à Paris où il se trouvait alors. Je lui demandai de réparer le crime qu'il avait commis : il me rit au nez et me tourna le dos; je lui fis alors une de ces insultes qui exigent du sang, rendez-vous fut pris pour le lendemain; il me blessa grièvement. Je demeurai deux mois entiers entre la vie et la mort; enfin j'entrai en convalescence. Mon ennemi avait quitté Paris. Il me fut impossible de découvrir sa retraite; je retournai à Perpignan le cœur brisé.

Le duc était pâle; des gouttelettes de sueur perlaient à ses tempes, son débit sec et saccadé était pour ainsi dire haché entre ses lèvres serrées. Le marquis, l'œil fixe, le corps penché en avant, écoutait son père avec une sorte d'épouvante. Quant au comte, la tête cachée dans les mains, il ne voyait rien; toute son attention était concentrée sur le récit que lui faisait le vieillard.

Celui-ci continua :

— Ma sœur avait accouché d'un enfant mort. Je la trouvai complètement rétablie. Je lui laissai ignorer les événements de mon voyage. Rien ne me retenait plus en France, je partis avec elle pour l'Espagne. Trois mois plus tard, Sa Majesté daigna me nommer vice-roi de la Nouvelle-Espagne; je préparai tout pour mon départ qui, selon la teneur du rescrit royal, devait être prochain. Ma sœur, ainsi que cela avait été convenu entre nous, m'accompagnait au Mexique. Sur ces entrefaites, un de nos parents éloignés, habitant Madrid depuis quelques semaines, se présenta à mon palais et me fit la demande officielle de la main de ma sœur. Inez, bien qu'elle vécût assez retirée, avait été vue plusieurs fois chez moi par notre parent, il en était tombé amoureux et désirait l'épouser. Il se nommait le comte don Luis de Tudela.

— Mon père! s'écria le jeune homme.

— Votre père, oui, mon enfant; car, malgré sa répugnance pour contracter cette union, ma sœur céda à mes prières et consentit à l'épouser. Quelques jours après le mariage, je quittai l'Espagne et partis pour le Mexique. Depuis deux ans j'étais aux Indes, lorsque je reçus coup sur coup trois nouvelles qui m'obligèrent à m'embarquer précipitamment et à retourner en Espagne, au risque d'encourir la disgrâce du roi. L'homme qui avait séduit ma sœur était venu à Madrid à la suite d'un ambassadeur français. Dans un bal donné à la cour, il avait reconnu dans la comtesse de Tudela la femme qu'il avait si honteusement abandonnée à Perpignan; au lieu de rougir de sa conduite passée et de se tenir à l'écart, l'occasion lui avait paru bonne pour renouer avec elle des relations adultères; repoussé avec mépris par la comtesse, cet homme avait eu l'infamie de la déshonorer publiquement en racontant à sa manière ce qui s'était passé entre elle et lui à Perpignan. Le comte, instruit presque aussitôt, lui donna un démenti. Ils se battirent; cet homme le tua.

— Vous savez le nom de cet homme, n'est-ce pas, monseigneur? s'écria le jeune homme, d'une voix que la douleur faisait trembler.

— Je le savais; mais il a quitté ce nom pour en prendre un autre, dit sourdement le vieillard.

Le jeune homme baissa la tête avec accablement, en étouffant un sanglot.

— Ma sœur était morte de douleur, quelques jours après son mari, vous laissant orphelin, âgé d'un an à peine. Je me chargeai de vous, Gusman; je vous adoptai presque pour mon fils; mais je vous réservais une mission sacrée, celle de venger votre père et votre mère.

— Je ne faillirai pas à cette mission; merci, monseigneur, dit le jeune homme avec un accent fébrile.

— J'apportai le plus grand soin à votre éducation que je dirigeai vers la marine; car il fallait que vous fussiez marin pour l'accomplissement de mes projets et des vôtres; grâce à Dieu, bien que fort jeune encore, vous jouissez à juste titre de la réputation d'un officier habile et expérimenté; maintenant, un dernier mot.

— J'écoute, monseigneur.

— L'assassin de votre père, le séducteur de votre mère est un des principaux chefs de ces hommes redoutables, au milieu desquels vous allez vivre, j'en ai la certitude; la seule chose que j'ignore, c'est le nom qu'il a pris depuis qu'il a adopté cette vie de meurtre et de pillage.

— Ah! peu importe, monseigneur, s'écria le comte avec énergie. Si bien caché que soit cet homme, je le découvrirai, je vous le jure.

— Bien, mon enfant. L'heure est venue de nous séparer. Vous savez quelle mission de sang et de vengeance vous avez à accomplir! Que Dieu vous soit en aide! Je vous donne ma bénédiction, partez, et ne faussez pas votre serment.

Le jeune homme s'agenouilla devant le vieillard qui lui donna sa main à baiser; puis il se releva et fit ses adieux au marquis.

— Au revoir, lui dit celui-ci avec intention, en lui serrant la main.

— Au revoir, répondit le comte, et il sortit de la salle.

Le duc le suivit du regard, écouta le bruit de ses pas qui allait s'amoindrissant de plus en plus; puis il releva fièrement la tête, et, lançant un regard de défi vers le ciel :

— Pour cette fois, dit-il avec un accent de triomphe, je tiens enfin ma vengeance!

— Ah! mon père, murmura le marquis avec tristesse, êtes-vous donc implacable?

Le vieillard tourna la tête vers son fils avec une inexprimable expression de mépris et de dédain, haussa les épaules et quitta la salle à pas lents.

— Pauvre Gusman! fit don Sancho en regardant son père s'éloigner.

VI

L'ENROLEMENT

Don Gusman de Tudela, après son entretien avec le duc de Peñaflor, s'était enfermé dans son appartement.

Une fois seul et certain de ne pas avoir à redouter des regards indiscrets, le jeune homme se laissa tomber sur un siège, cacha sa tête dans ses mains et, pendant un laps de temps assez long, il demeura plongé dans une immobilité complète.

Quel pouvait être le sujet de ses réflexions? Lui seul aurait pu le dire sans doute.

Peut-être pensait-il à son avenir perdu, à ses espérances subitement brisées par l'affreuse révélation qui lui avait été faite.

Peut-être rêvait-il à la vengeance qu'il avait juré de tirer du séducteur de sa mère.

Peut-être aussi envoyait-il un dernier adieu à l'être aimé que le devoir l'obligeait à abandonner sans espoir de le revoir un jour!

A vingt ans l'amour n'est-il pas la grande affaire de la vie, et lorsqu'on est beau, riche et de noblesse, l'existence apparaît si douce et si facile!

Du reste, quelles que fussent les réflexions du malheureux gentilhomme, elles devaient être bien tristes, car des larmes brûlantes filtraient entre ses doigts et des sanglots étouffés s'échappaient de sa poitrine malgré ses efforts pour les retenir. Enfin il releva son visage pâli par la souffrance et passant nerveusement sa main sur son front moite :

— Plus de faiblesse, dit-il avec un sourire triste; adieu à mes beaux rêves, mon cœur doit être mort maintenant à tout autre sentiment que celui de la haine!

Il ouvrit alors un coffre, en retira des vêtements de matelot qu'il étala sur un meuble, et, avec un dernier soupir, il se mit en devoir de quitter sa brillante toilette pour les endosser.

Il achevait de s'habiller lorsqu'on gratta doucement à la porte.

— Voilà mon homme, murmura-il, et il alla ouvrir.

Un individu d'une quarantaine d'années, ayant toute l'apparence d'un matelot, se tenait respectueusement, le chapeau à la main, sur le seuil.

— Entrez, maître Aguirre, lui dit-il.

Le matelot salua et pénétra dans la chambre.

— *Se puede hablar?* dit-il en jetant un regard soupçonneux autour de lui.

— En français ou en espagnol, à votre choix, maître Aguirre, répondit le jeune homme en refermant la porte, nous sommes bien seuls.

— Bon, puisqu'il en est ainsi, nous n'aurons pas d'indiscrétion à redouter, tant mieux, monseigneur.

— Hum! maître Aguirre, perdez, je vous prie, l'habitude de m'appeler monseigneur, nommez-moi tout simplement Martial, c'est le nom que je compte prendre, ou, si vous le préférez, dites-moi monsieur, cela ne signifie rien et n'est point compromettant.

— J'obéirai à monsieur, répondit maître Aguirre en saluant.

— C'est cela, asseyez-vous sur cet équipal et causons.

— Je suis aux ordres de monsieur.

— Ne vous ai-je pas dit que mon nom est Martial ?

— Oui, monsieur.

— Hein ? fit-il en souriant.

— Oui, Martial, oh ! soyez tranquille, je m'y habituerai.

— Maintenant, venons au fait, parlez, je vous écoute.

— D'après l'ordre que vous m'avez donné je me suis présenté au capitaine du *Caïman.*

— Ah ! il se nomme *Le Caïman ?*

— Oui.

— C'est un joli nom de flibustier.

— Aussi en est-ce un.

— Pardieu ! je le sais bien ; et on ne s'en doute pas ici ?

— Pas le moins du monde, on le prend pour un négrier; d'ailleurs le capitaine est prudent, il ne laisse descendre personne à terre, et depuis huit jours qu'il est mouillé à Sacrificios, pas un matelot de son équipage n'a mis le pied sur le port de la Vera-Cruz.

— Oui, c'est hardiment joué ; mais tout se peut découvrir à la fin.

— Aussi doit-il appareiller cette nuit avec la marée.

— Oh ! oh ! il faut nous presser alors.

— C'est ce que j'ai fait; par un hasard singulier, je me trouvais à Sacrificios lors de l'arrivée du navire ; malgré ses peintures et son déguisement, ce n'était pas un vieux marin comme moi qu'il pouvait essayer de tromper, ses allures me parurent suspectes et...

— Voyons, ne vous embrouillez pas, maître Aguirre, interrompit le jeune homme en souriant, pourquoi ne pas me dire franchement ce qui en est.

— Comment, ce qui en est ? fit-il avec un tressaillement de surprise.

— Eh ! mon Dieu oui, ne suis-je pas des vôtres maintenant? La chose est cependant bien simple : vous êtes Basque de Bayonne, je crois, c'est-à-dire à moitié Espagnol, vous avez profité de cette particularité pour vous hasarder en terre ferme et vous établir en ce pays. Dans quel but? cela ne me regarde pas quant à présent, donc je ne vous en dirai rien ; seulement vous vous êtes arrangé de façon à demeurer toujours en relation avec vos amis les Frères de la Côte. Le hasard dont vous parliez tout à l'heure se résume en ceci que, depuis plusieurs jours déjà, vous guettiez ce navire que vous attendiez bel et

— Un ordre royal ! s'écria le marquis avec surprise.

bien ; maintenant que nous nous entendons, du moins je l'espère, continuez, je vous prie, je suis tout oreilles.

Tout ceci fut dit avec un ton de fine et mordante raillerie qui décontenança tellement le marin que pendant un instant il demeura complètement abasourdi. Mais, comme au demeurant c'était un hardi compagnon, il ne tarda pas à reprendre son sang-froid et regardant son interlocuteur bien en face :

— Eh bien ! oui, c'est vrai, lui dit-il, après ?

— Après ? Mais voilà tout, il me semble.

— Je serais curieux de savoir qui vous a si bien instruit, monsieur le comte.

— Vous oubliez nos conventions, maître Aguirre. Je me nomme Martial, retenez-le une fois pour toutes, je vous prie ; quant à être instruit, vous comprenez, mon brave, que l'affaire dans laquelle je m'embarque est assez sérieuse pour que je prenne mes précautions ; donc je vous ai surveillé, voilà tout ; j'avais, il me semble, un assez grand intérêt à ne pas être trahi par vous, pour agir ainsi.

— A la rigueur, vous pouvez avoir raison, répondit-il d'un air de doute.

— Revenons donc à notre affaire.

— Vous savez que je pars sur le *Caïman* en qualité de maître d'équipage. Est-ce convenu ?

— Je suis inscrit sur le rôle, et j'ai touché mes avances.

— Comment, vos avances ?

— C'est-à-dire, fit-il avec embarras, le capitaine, à ma prière, m'a prêté une certaine somme dont j'avais un pressant besoin.

— Bon ! fit-il avec un sourire railleur, et moi ? Qu'avez-vous fait ?

— Je vous ai proposé au capitaine en vous présentant à ses yeux comme étant un de mes compatriotes perdu sur cette côte et en butte à la haine des Gavachos. Sur ma recommandation, le capitaine vous accepte ; mais il veut vous voir avant que de rien déterminer.

— Ceci est fort juste ; où le trouverai-je ?

— A Sacrificios ; il nous y attendra vers quatre heures : j'ai préparé un canot.

— Très bien ! Maintenant, à mon tour, dit le jeune homme en posant une liasse de papiers sur la table.

Les yeux de maître Aguirre brillèrent de convoitise ; il rapprocha son équipal et pencha le haut corps en avant comme pour mieux voir.

Martial, nous lui conserverons ce nom, dénoua le ruban qui attachait les papiers et commença à les classer tout en parlant.

— Les bons comptes font les bons amis, mon maître, dit-il, tenez vos promesses et je tiendrai les miennes : voici l'acte de vente parfaitement en règle de la maison que vous habitez. De plus, voici cinquante mille livres en bons de caisse ; comptez.

Le matelot s'empara, avec un tremblement nerveux, des papiers que lui présentait le jeune homme et les examina avec la plus scrupuleuse attention.

— Le compte y est, dit-il.

— Maintenant, reprit le jeune homme, voici une reconnaissance de cinquante autres mille livres, mais payables seulement à votre retour en France, sur un certificat écrit et signé de ma main, constatant que je suis satisfait de vos services ; prenez. Vous voyez que je tiens mes promesses comme vous tenez les vôtres. Un dernier mot, afin qu'il n'existe pas de malentendus entre nous : s'il vous plaît de servir vos amis au préjudice des Espagnols, cela est de bonne guerre et ne me regarde pas plus que vous n'avez à vous occuper des motifs de ma conduite présente. Souvenez-vous seulement que vous m'appartenez ; que nous jouons cartes sur table l'un envers l'autre, sans finasserie ni trahison, et que vous me devez l'obéissance la plus absolue.

— Pendant un an, répondit le matelot.

— Jusqu'au jour où vous retournerez en France.

— C'est entendu.

— Oui, mais retenez bien mes paroles, maître Aguirre : vous me connaissez assez, n'est-ce pas, pour être convaincu qu'au premier soupçon je vous brûlerais la cervelle ?

— Il est inutile de menacer, monseigneur, répondit-il en haussant les épaules, mon intérêt vous répond de ma fidélité.

— Bon, j'ai pensé que peut-être vous ne reviendrez jamais habiter la Vera-Cruz, et que, par conséquent, le don de votre maison était assez illusoire. Aussi ai-je ajouté à la somme promise une vingtaine de mille livres comme pot-de-vin, tout en vous laissant la propriété de cette maison.

— Merci, monsieur, je l'ai louée ce matin pour cinq ans, et j'ai touché les loyers d'avance.

— Allons, fit-il en riant, je vois avec plaisir que vous connaissez les affaires, c'est une garantie pour moi ; serrez toutes ces paperasses : maintenant, nous partirons quand vous voudrez.

— Tout de suite si vous le désirez.

— Tout de suite, soit.

Ils sortirent.

En quittant la maison, le jeune homme ne put retenir un dernier soupir ; mais il se remit aussitôt, et s'adressant à son compagnon :

— Marchons, lui dit-il d'une voix ferme.

Il était trois heures de l'après-dîner, les deux hommes traversèrent la ville côte à côte sans rencontrer personne ; les rues étaient à peu près désertes à cause de la chaleur.

Le déguisement du comte était trop complètement vrai pour qu'il craignît d'être reconnu par aucun de ses amis.

Ils atteignirent donc le port sans encombre. Une légère embarcation était amarrée à l'extrémité du môle.

— Voilà le canot, dit le marin.

— Embarquons, répondit laconiquement le jeune homme.

Ils sautèrent dans le canot, larguèrent l'amarre, et saisirent les avirons.

La traversée de la Vera-Cruz à l'île Sacrificios, où mouillent ordinairement les gros navires qui y trouvent un bon ancrage et un abri à peu près sûr, est d'environ une lieue.

Lorsque la mer est belle, c'est une délicieuse promenade.

Après avoir, pendant quelque temps, usé des avirons, une légère brise se leva, qui permit aux voyageurs d'orienter une voile latine, et de se laisser emporter sans fatigue.

Au fur et à mesure qu'ils approchaient de l'île, le brick-goélette *Le Caïman* semblait sortir de l'eau, et finit par leur apparaître dans tous ses détails.

C'était un beau navire, long, effilé et ras sur l'eau ; sa haute mâture était rejetée en arrière ; son gréement, bien goudronné, était bien tendu et tenu avec un soin remarquable.

Sa coque, entièrement noire, était traversée par une mince bande d'un rouge de sang. On ne voyait pas de sabord et par conséquent pas de canons. Personne ne paraissait à bord.

Le comte fit deux observations importantes : la première, que les filets d'abordage étaient tendus, de crainte de surprise, sans doute ; la seconde que les voiles étaient sur les fils de caret, et que le brick avait ses ancres aux bossoirs et était simplement amarré sur un corps mort.

— Voilà un navire bien espalmé, dit-il au moment où l'embarcation passait à le ranger par la hanche de tribord.

— Oui, répondit le marin avec complaisance, et un fin voilier, je vous en réponds.

— Vous le connaissez donc ?

— Pardieu ! j'ai navigué deux ans dessus sous les ordres de Montbars.

Quelques minutes plus tard, l'avant du canot grinçait sur le sable d'une petite crique, et les deux hommes prenaient terre sur l'île Sacrificios.

A peine avaient-ils fait quelques pas sur la plage qu'ils aperçurent un homme qui venait doucement au-devant d'eux.

— Voici le capitaine du *Caïman*, dit le marin, vous voyez qu'il est exact au rendez-vous.

— Ah ! fit le jeune homme, et, tout en s'approchant, il l'examina curieusement.

Comme ce personnage est appelé à jouer un rôle important dans ce récit, nous ferons en quelques mots son portrait.

Cet individu était, dans toute l'extension du terme, un véritable *loup de mer ;* en effet, il ressemblait bien plus à un phoque qu'à un homme.

Agé de cinquante ans au moins, il en paraissait à peine quarante ; il était petit de taille, mais trapu et vigoureusement charpenté ; son teint hâlé avait presque la couleur de la brique ; ses yeux gris, enfoncés sous l'orbite, étaient vifs et expressifs ; sa physionomie intelligente, bien que rude, respirait l'audace et l'intrépidité calme de l'homme habitué depuis longues années à lutter contre le péril, sous quelque forme qu'il se présente.

Son costume, par caprice sans doute, car cet homme était Breton, était celui des Poletais, costume étrange qui s'est conservé intact jusqu'à ces dernières années.

Il portait une casaque de gros drap bleu dont toutes les coutures étaient recouvertes d'un galon de même couleur, mais plus clair ; autour du cou, une cravate dont les pointes étaient garnies de glands d'argent ; une veste fond gris, à grandes fleurs brochées ; de larges culottes brunes passementées comme la casaque ; des bas de soie et des souliers à boucles d'argent ; une toque de velours noir, ornée d'une vignette en verre filé représentant Notre-Dame des Grèves, couvrait sa tête. Une large ceinture en cuir de vache lui serrait la taille : dans cette ceinture étaient passés deux longs pistolets.

Voilà, au physique, quel était l'homme qui, ayant aperçu les arrivants, s'avançait nonchalamment vers eux tout en fumant dans une pipe à tuyau presque imperceptible, et qui semblait soudée au coin de sa bouche.

— Eh! te voilà donc, mon gars, dit-il gaiement au matelot, qui nous amènes-tu ici?

— Capitaine Vent-en-Panne, répondit-il, je vous amène le nouveau compagnon dont je vous ai parlé hier.

— Ah! ah! fit-il en lançant un regard perçant au jeune homme, un gaillard bien découplé et qui paraît solide; comment te nommes-tu, garçon?

— Martial, capitaine, répondit-il avec un salut respectueux.

— Un nom de bon augure, vive Dieu! Ainsi tu es Basque?

— Oui, capitaine.

— Et tu t'es laissé affaler sur cette côte?

— Mon Dieu oui! capitaine, il y a deux ans déjà que j'y tire des bordées sans pouvoir m'élever au vent pour en sortir.

— Bon! nous t'en tirerons, sois tranquille; Aguirre m'a dit que tu es bon matelot.

— Voilà dix-sept ans que je navigue, capitaine, et je n'en ai pas encore vingt-trois.

— Hum! tu dois connaître ton affaire, alors; tu sais qui nous sommes, n'est-ce pas?

— Oui, capitaine.

— Et tu n'as pas peur de monter à bord d'un de nos navires?

— Au contraire, mon désir le plus vif était de faire la course.

— Très bien! je crois que nous ferons quelque chose de toi.

— Je l'espère aussi.

— As-tu des armes et de la poudre?

— J'ai tout ce qu'il me faut.

— Maintenant, je dois te prévenir d'une chose : à terre, nous sommes tous égaux; à bord, il n'en est plus ainsi. Dès qu'on a juré la charte-partie, il faut s'y soumettre : nous n'avons qu'une punition.

— Laquelle?

— La mort! pour éviter la récidive. Aguirre, que je connais de longue date, m'a répondu de toi corps pour corps : une trahison de ta part, non seulement te tuerait, mais le tuerait aussi ; parmi nous, qui répond paye. Ainsi, réfléchis bien avant que d'accepter, tu es libre encore de te retirer si nos conditions te paraissent trop dures ; une fois ta parole donnée, il serait trop tard.

— J'accepte, répondit-il sans hésitation, d'une voix ferme.

— Bien ! voilà qui est parlé ; mais tu es jeune, je ne veux pas te prendre au mot; trouve-toi à bord ce soir, à sept heures; tâche de terminer tes affaires jusque-là; tu liras la charte-partie, et s'il te convient toujours, après cette lecture, de t'enrôler avec nous, eh bien! ce sera chose faite, et tu seras second lieutenant à bord.

— Toutes mes affaires sont terminées, capitaine, je n'ai pas besoin de retourner à la Vera-Cruz : Aguirre peut se charger de m'apporter mon coffre et mes armes.

— Tu me plais, tu es un joli garçon; viens donc, puisque tu le veux.

Ils remontèrent dans l'embarcation qui, en quelques minutes, les condui-sit à bord du brick. Cependant, ce ne fut pas sans éprouver un secret serre-ment de cœur et un tressaillement nerveux que le jeune homme posa le pied sur le pont de ce navire, où il allait vivre désormais au milieu de ces hom-mes qu'on lui avait représentés comme des bêtes féroces, n'existant que de meurtre et de pillage, sans foi, sans loi et sans patrie.

La même nuit, vers trois heures du matin, le brick-goëlette *Le Caïman* larguait son amarre et prenait le large, emportant avec lui le lieutenant Mar-tial et le contremaître Aguirre, les deux nouveaux enrôlés.

Le capitaine Vent-en-Panne avait donné la route sur Saint-Domingue; sa croisière était terminée et il rentrait au Port-de-Paix.

VII

LE SAUVETAGE

Au moment où les trois marins, Philippe en tête, s'élancèrent hors du *Saumon couronné*, un spectacle terrible s'offrit soudainement à leurs yeux et les fit presque reculer d'épouvante. D'un point de l'horizon à l'autre, le ciel n'était qu'une nappe de feu incessamment sillonnée par les zigzags verdâtres des éclairs. Le tonnerre grondait sans relâche avec des roulements effroyables, la pluie tombait à torrents, la mer, blanche d'écume, inondait ses rives avec un fracas assourdissant, le vent soufflait avec furie, faisant craquer les mai-sons, enlevant les toitures, déracinant les arbres et les tordant comme des fétus de paille.

Les chevaux et les bestiaux échappés des étables, couraient çà et là avec des mugissements de terreur.

L'ouragan, qui menaçait depuis le matin, se déchaînait enfin avec une rage et une force irrésistibles.

Les aventuriers, accourus en toute hâte sur la plage, se sentaient, malgré leur bravoure à toute épreuve, frissonner de peur, et, réfugiés çà et là à l'abri précaire des rochers, ils demeuraient sans courage pour lutter contre l'horrible fléau qui s'abattait sur leur ville et menaçait de la renverser de fond en comble.

Pour ajouter encore à l'horreur de ce spectacle, l'ombre et la lumière se succédaient avec une telle rapidité qu'il était impossible de rien distinguer nettement, et que les objets, même les plus rapprochés, s'effaçaient subitement pour reparaître un instant après, mais toujours enveloppés d'un brouillard roussâtre qui confondait leurs formes et trompait sur leur situation et leur distance réelle. Bref, c'était un effroyable chaos, dans lequel le ciel, la mer et la terre semblaient prêts à se confondre dans un cataclysme horrible.

Cependant, le premier moment de la surprise passé, Philippe, aidé par

Pitrians et Pierre, attachés à ses pas et résolus à ne point l'abandonner, s'était mêlé à la foule des aventuriers, et à force de prières et de menaces était parvenu à grouper autour de lui une cinquantaine d'hommes résolus qui, électrisés par son exemple, avaient juré de lui obéir quoi qu'il leur commandât pour le salut général.

Si grand que fût le danger que couraient les habitants, ce danger n'était rien en comparaison de celui du bâtiment affalé sur la côte et qui déjà à plusieurs reprises avait tiré le canon d'alarme pour appeler du secours.

Ce fut donc vers le bâtiment que Philippe résolut de diriger tous ses efforts.

— Matelots! dit-il à ceux qui l'accompagnaient, un de nos navires se trouve dans le chenal, plusieurs de nos frères sont en danger imminent de leur vie, les laisserons-nous mourir ainsi comme de misérables Gavachos sans essayer de les sauver?

— Non! non!... s'écrièrent tout d'une voix les Frères de la Côte. Au navire! au navire!...

— Sachons d'abord où il se trouve, répondit Philippe. Suivez-moi.

Ils coururent alors sur la plage, aussi loin que le leur permirent les vagues furieuses.

Les aventuriers ne sortent jamais sans être armés : ceux-ci avaient donc leurs fusils avec eux. Philippe leur ordonna de faire une décharge générale de leurs armes.

Presque aussitôt une lueur apparut sur la mer, suivie immédiatement d'une détonation assez forte.

— Le navire est là-bas dans l'est-quart-sud-est, dit Philippe, à une demi-encablure tout au plus de nous, au vent en carénage. Vivement des haussières, des boucaux vides, des barils, des planches, du bois, tout ce qu'on pourra trouver, enfin!... Toi, Pierre, matelot, fais allumer de grands feux de distance en distance ; jette du goudron dedans afin de rendre la flamme plus vive.

Ces différents ordres furent exécutés avec une célérité merveilleuse. Ces hommes dévoués au salut général semblaient se multiplier. D'ailleurs, beaucoup d'aventuriers et d'habitants, entraînés par leur exemple, s'étaient joints à eux et rivalisaient d'efforts pour apporter les objets demandés.

Bientôt d'immenses brasiers couvrirent la rive sur une étendue de plus d'un mille. Le bâtiment les aperçut, car, dès ce moment, il ne cessa de tirer le canon de minute en minute.

L'ouragan semblait vouloir s'apaiser : le vent avait légèrement molli, les éclairs devenaient moins fréquents et les roulements du tonnerre étaient plus sourds.

Dans une éclaircie d'une minute on aperçut tout à coup la haute mâture d'un grand navire sortir du brouillard, à une distance fort rapprochée de la plage, puis l'obscurité se fit de nouveau et le bâtiment, à peine entrevu comme dans un rêve, disparut soudainement.

— C'est le *Caïman!* s'écrièrent les aventuriers, le brick de Vent-en-Panne et de Montbars! il faut le sauver!...

Certes, cette résolution était belle et digne des hommes qui la faisaient, mais son exécution était presque impossible.

Une heure s'écoula en tentatives inutiles pour lancer une embarcation sur cette mer bouleversée, qui la rejetait aussitôt sur la plage.

— Une ligne! cria tout à coup Philippe, vive Dieu! il ne sera pas dit qu'un homme ne se sera point dévoué parmi nous pour en sauver cinquante!

Et il se mit en devoir de quitter ses vêtements.

La ligne fut apportée : c'était une corde grosse comme le petit doigt, tordue en quatre, très serrée et longue de quatre cents brasses. Philippe *frappa* un des bouts sur une forte haussière, puis il attacha l'autre bout à sa ceinture.

Presque aussitôt que lui Pierre et Pitrians s'étaient déshabillés.

— Reste ici, matelot, s'écria Pierre, c'est à moi à tenter ce coup de désespoir. Si je meurs, ce qui est probable, nul si ce n'est toi ne me regrettera.

— Non, matelot, répondit vivement Philippe ; cette idée est de moi, je dois seul l'exécuter.

— Pardon, pardon, interrompit Pitrians en intervenant tout à coup, je ne suis qu'un engagé, moi, dont la vie ou la mort n'importent à personne, c'est donc à moi à tenter ce coup de tête.

Le débat menaçait de se prolonger : aucun des trois hommes n'était disposé à céder. Un quatrième intervint : ce quatrième était M. d'Ogeron.

— Enfants, dit-il de sa voix sympathique, l'action que vous méditez est hardie, elle est folle. C'est tenter Dieu que d'essayer de l'exécuter.

— Mon oncle! s'écria le jeune homme.

— Silence, enfant, et laisse-moi achever, dit-il sévèrement, je ne cherche pas à vous dissuader, je sais que cela serait inutile, seulement puisque vous voulez absolument vous dévouer...

— Nous le voulons! s'écrièrent-ils d'une seule voix.

— Eh bien! partez tous trois, alors; vous vous entr'aiderez mutuellement; si deux succombent, peut-être le troisième arrivera et de cette façon votre sacrifice n'aura pas été inutile.

— Bon, s'écrièrent joyeusement les trois hommes, bien jugé.

— Maintenant soyez prudents, moi je me charge de faire filer la ligne au fur et à mesure; allez donc à la grâce de Dieu!

Il les embrassa tour à tour et se détourna brusquement pour essuyer une larme qui malgré lui mouillait sa paupière, car cet homme énergique, ce cœur de lion savait toute l'immensité du péril auquel s'exposaient son neveu et ses compagnons, mais il ne s'était pas reconnu le droit d'empêcher leur héroïque résolution.

Philippe, Pierre et Pitrians, nageaient comme des dorades, de plus ils avaient une longue habitude de la mer et savaient comment il fallait agir avec elle pour ne pas devenir son jouet.

Après s'être pendant quelques instants entretenus à voix basse, ils s'avancèrent de front sur la plage.

Une lame énorme blanche d'écume accourait vers eux en levant à une hauteur de vingt pieds sa crête menaçante.

Ils aperçurent un homme qui venait doucement au-devant d'eux.

Au moment où elle s'abattit avec un fracas énorme à deux pas d'eux et commença à se retirer, ils s'élancèrent et se laissèrent emporter par elle.

La foule réunie sur la plage poussa un cri de terreur et d'admiration.

Arrivés à une certaine distance de la rive, les marins plongèrent hardiment et passèrent ainsi par-dessous la seconde lame qui courait vers la plage.

Cependant, si bien calculé que fût leur mouvement, malgré des efforts inouïs la vague les enveloppa comme d'un humide linceul et les entraîna avec elle.

Ils se laissèrent aller à l'impulsion donnée, mais leurs efforts avaient été couronnés de succès, le flot reculait déjà et les remportait au large, ils évitèrent ainsi d'être roulés sur le gravier.

— Courage, frères ! cria Philippe.

— Courage ! répondirent ses compagnons.

Il y eut alors une lutte gigantesque de l'intelligence et du sang-froid contre la force brutale.

Ces trois hommes se maintinrent une heure et demie côte à côte, au milieu d'une mer affreuse qui les ballottait dans tous les sens ; avançant d'un pied, reculant de cent, mais ne se rebutant jamais, se laissant emporter parfois lorsqu'ils sentaient leurs forces près de les abandonner, puis redoublant d'efforts lorsqu'ils les sentaient un peu revenues, et ne désespérant jamais.

L'ouragan, du reste, avait beaucoup diminué, la pluie avait cessé, les ténèbres étaient devenues moins opaques, les aventuriers voyaient assez clair pour se diriger sûrement vers le but où tendaient leurs efforts.

Les trois hommes étaient épuisés de fatigue, ils ne luttaient plus que faiblement contre les lames qui bien que le vent eût beaucoup perdu de sa violence, étaient cependant toujours aussi monstrueuses, parce que après une tempête, surtout dans les atterrissages, la mer est toujours fort longue à se calmer.

Pitrians, qui ne quittait pas son maître du regard, s'était tout doucement approché de lui, et au moment où Philippe, à bout de force, allait silencieusement se laisser couler pour ne pas décourager ses amis, il plongea et le ramena au-dessus de l'eau, l'obligeant à poser ses deux mains sur ses larges épaules et le portant ainsi presque tout entier.

Philippe à demi asphyxié et à peu près sans connaissance, accepta machinalement ce secours suprême sans avoir même conscience du dévouement de son engagé.

Soudain les nageurs aperçurent le navire à une légère distance devant eux.

Il n'avait plus que les bas mâts, ses vergues du mât de misaine étaient amenées sur les porte-lofs, il était mouillé à quatre amarres, tanguait horriblement et faisait des embardées affreuses à chaque coup de mer qu'il recevait soit par l'avant, soit par le travers.

Cependant l'équipage semblait ne pas désespérer de son salut, on entendait directement le sifflet du contremaître commandant la manœuvre et les chants cadencés des matelots halant sur les grelins.

Tout à coup une vague monstrueuse le prit par la hanche de tribord, le souleva à une hauteur énorme et le laissa tomber avec un fracas épouvantable.

— Nous chassons ! s'écria l'équipage d'une seule voix.

En effet, les deux ancres de l'avant venaient de manquer, leurs câbles s'étaient rompus du même coup et le navire allait à la côte traînant ses ancres de l'arrière.

Soudain trois hommes surgirent de la mer, à demi nus, affreux à voir.

Le premier s'élança à la barre tandis que les deux autres tombaient sur le pont, enlacés l'un à l'autre, comme s'ils étaient morts.

Cette apparition avait été si subite et si imprévue que, sauf le timonier, personne à bord ne l'avait remarquée.

— Nous sommes perdus ! s'écrièrent les marins avec angoisse.

— Vous êtes sauvés ! répondit une voix rauque et fortement accentuée.

— Pierre Legrand ! s'écria Vent-en-Panne avec joie, c'est Dieu qui t'envoie, frère ! Comment te trouves-tu ici ?

— Par-dessus le bord, pardieu ! répondit-il en riant, voilà deux heures que nous nageons pour vous atteindre. Mais ce n'est pas le moment de causer ; cherche Philippe et Pitrians, ils sont tombés quelque part sur le pont ; Philippe porte une ligne, mets tout ton équipage dessus, et halez en double, mille diables ! si vous ne voulez pas boire un coup à la grande tasse. Moi je reste à la barre, ne t'inquiète pas.

Vent-en-Panne ne se le fit pas répéter, il se mit à la recherche des deux aventuriers, mais ceux-ci avaient déjà été relevés et commençaient à reprendre connaissance. On détacha la ligne amarrée à la ceinture du jeune homme, et l'équipage du *Caïman*, capitaine en tête, commença à haler vigoureusement dessus ; ils comprenaient que là seulement était la dernière chance de salut qui leur restât.

Cependant, sur l'ordre de Pierre, qui avait pris définitivement le commandement du navire, la vergue de misaine avait été hissée et la misaine amarrée au bas ris, afin de fuir devant le temps et de relever un peu le navire, les câbles de l'arrière avaient été coupés, le navire se trouva donc abandonné à sa seule impulsion.

— Eh bien ! cria Vent-en-Panne.

— Nous gouvernons, frère, sois tranquille, répondit Pierre.

La brise était complètement tombée ; il fallut de nouveau serrer la misaine. Le bâtiment était donc encore une fois à sec de toile, mais le plus grand péril était passé, l'haussière arrivait à l'écubier ; bientôt on garnit le guindeau et on put virer.

Une partie de l'équipage, rendue libre alors, put se mettre en devoir de préparer une autre ancre, la dernière qui restât à bord.

— Où nous conduis-tu, matelot ? dit Vent-en-Panne à Pierre.

— Tu le vois, répondit celui-ci, le flot nous porte un peu au vent de la pointe du Carénage ; la mer est pour nous. Ceux qui sont à terre ont amarré l'haussière aux trois piquets. Si nous pouvons, comme je l'espère, doubler la Pointe, nous mouillerons par huit brasses, fond de sable, parfaitement abrités.

— Sans toi, nous étions perdus, frère.

— Allons, tu plaisantes ; d'ailleurs, bonne ou mauvaise, l'idée n'est pas de moi : elle est de mon matelot ; je n'ai fait que la suivre.

— Bon, je vous payerai ma dette à tous trois, car ce brave Pitrians est venu aussi.

— Vive Dieu ! je le crois bien ; sans lui, Philippe ne serait pas arrivé ; il l'a sauvé au moment où il se noyait au risque de se noyer lui-même.

Le jour commençait à paraître. On apercevait sur la plage une foule d'hommes et de femmes qui acclamaient les arrivants en battant des mains, poussant de grands cris et jetant chapeaux et bonnets en l'air; mais le sauvetage n'était pas terminé encore, ainsi que chacun le croyait. Tout à coup, les matelots qui viraient au guindeau tombèrent à la renverse, l'équipage poussa un cri de désespoir, l'haussière venait de se casser.

— Silence! hurla Pierre d'une voix stridente; prends la barre, Vent-en-Panne.

Vent-en-Panne obéit.

Pierre Legrand monta sur le banc de quart.

— Eh bien? dit-il.

— Nous dérivons, répondit le capitaine.

— Je le sais sacredieu bien! Mets la barre tout au vent, comme ça! Bien, obéit-il?

— Oui, un peu.

— Bon, au vent, toujours!

Et se tournant vers l'équipage :

— Soyez parés à mouiller, dit-il.

On aurait entendu la respiration haletante de tous ces hommes, tant le silence était profond.

— Attention! cria Pierre; la barre sous le vent toute! En double, sacredieu!

Le navire se redressa lentement.

Pierre suivait attentivement les écarts du navire.

— Mouille! cria-t-il tout à coup.

L'ancre tomba au fond.

Il y eut un moment d'anxiété profonde. Le navire continuait à dériver rapidement à la côte; sa vitesse diminua peu à peu. Enfin, il s'arrêta, puis il tourna lentement sur lui-même, présentant enfin l'avant au lit du vent.

L'ancre tenait, le navire était sauvé.

L'équipage poussa un joyeux vivat auquel répondirent les acclamations de la plage.

Du reste, il était temps que le navire s'arrêtât. Il se trouvait au plus à cinquante brasses des rochers.

— Fameux bâtiment, mon vieux frère, dit Pierre; c'eût été dommage de le perdre ainsi au port.

— C'est Montbars qui l'a fait construire, répondit Vent-en-Panne, et il s'y connaît, celui-là!

VIII

LA PRÉSENTATION

A l'heure où les exigences de notre récit nous conduisent de nouveau à l'auberge du *Saumon couronné*, c'est-à-dire vers midi, maître Kornic, propriétaire dudit établissement, se tenait mélancoliquement sur le seuil de sa porte, contemplant d'un air effaré les irréparables désastres causés par l'ouragan de la nuit précédente.

Le digne aubergiste avait eu grand soin de demeurer clos et couvert dans sa maison barricadée et fermée à triples verrous, et avait passé la nuit tout entière à suer et à trembler de peur, de sorte que le spectacle qu'il avait en ce moment devant les yeux, non seulement l'émerveillait, mais encore l'épouvantait lorsqu'il songeait aux terribles dangers qu'il aurait pu courir s'il ne s'était pas si prudemment tenu coi dans sa demeure.

La demie après midi sonna; presque au même instant, cinq ou six marins entrèrent ou, plutôt, firent irruption dans l'auberge avec tant d'impétuosité, que maître Kornic fut bousculé et faillit être renversé par eux.

Cependant il ne se fâcha pas; au contraire, il éclata d'un gros rire, et, après avoir repris à grand'peine son équilibre:

— Allons, vivement, dit-il à trois ou quatre garçons faméliques qui erraient comme des ombres dans la salle; du vin à ces messieurs!

Les messieurs en question étaient des gaillards à faces patibulaires, aux gestes brusques et avinés, dont les costumes étaient en lambeaux, mais dont les poches rendaient à chaque mouvement de leurs propriétaires un son argentin tout à fait réjouissant.

Maître Kornic ne s'était pas trompé sur le compte des nouveaux venus; en les voyant, il s'était frotté les mains joyeusement, en murmurant entre ses dents:

— Bon, voilà les caïmans qui commencent à accoster; tout à l'heure nous allons rire.

Les matelots s'étaient assis à une table et avaient commencé à boire en criant à tue-tête et en parlant tous à la fois.

Après ceux-ci, il en arriva d'autres encore, si bien qu'une heure plus tard la salle était pleine de buveurs et qu'il s'y faisait un tapage et un brouhaha au milieu duquel on n'aurait pas entendu le bon Dieu tonner.

Plus de cent cinquante aventuriers étaient ainsi réunis dans un espace où une soixantaine tout au plus auraient pu tenir à l'aise; mais ils s'étaient si intelligemment *arrimés*, selon leur pittoresque expression, autour des tables et du comptoir, qu'il restait encore au milieu de la salle un espace suffisant pour la circulation du cabaretier et de ses garçons.

Ceux-ci couraient incessamment de l'un à l'autre et ne savaient auquel entendre.

Maître Kornic débouchait lui-même les bouteilles et ne dédaignait pas de remplir les verres de ses pratiques.

Bientôt la foule devint si grande dans la salle que, comme une mer qui monte, le flot des consommateurs, après avoir peu à peu reflué vers le fond, déborda et envahit les pièces adjacentes.

Martial et maître Aguirre, peu accoutumés encore, le premier du moins, aux façons tant soit peu excentriques des aventuriers, s'étaient frayé à grand'peine un passage et étaient parvenus à s'établir tant bien que mal à l'extrémité d'une longue table occupée déjà par une douzaine de flibustiers qui, les traits avinés et la pipe aux dents, jouaient au passe-dix des poignées d'or qu'incessamment ils puisaient sans compter dans leurs poches profondes comme des gouffres.

Martial examinait curieusement le spectacle singulier qu'il avait devant les yeux, laissant, malgré les observations de son compagnon, son verre plein devant lui sans songer à le vider.

Cependant la gaieté devenait de plus en plus bruyante, le vin et l'eau-de-vie échauffaient les têtes, des cris de colère et de défi commençaient à se mêler aux rires et aux chansons joyeuses ; çà et là éclataient des rixes que Kornic et ses garçons parvenaient de plus en plus difficilement à étouffer.

Sur ces entrefaites, un grand et beau jeune homme de vingt-sept à vingt-huit ans au plus, aux traits hautains, à la physionomie railleuse et à la démarche leste et dégagée entra dans la salle.

Ce nouveau venu était habillé avec une extrême élégance ; une fanfaronne [1] de fin or entourait la forme de son chapeau garni de plumes de prix et outrageusement posé sur l'oreille. Sa main droite, blanche et aristocratique, presque ensevelie sous un flot de riches dentelles, reposait sur la garde de son épée.

En entrant, il jeta un regard superbe autour de lui, comme s'il eût cherché quelqu'un ; puis il marcha résolument vers la table où Martial et Aguirre étaient assis, en écartant brusquement tous ceux qui se rencontraient sur son passage, et qui, rendons-leur cette justice, se hâtaient de s'éloigner à sa première injonction.

Arrivé près de la table, le jeune homme se pencha sur les joueurs.

— Eh ! dit-il, on s'amuse ici, il me semble ; vive Dieu ! j'en veux être.

— Ah ! ah ! firent plusieurs aventuriers en relevant joyeusement la tête, te voilà, chevalier ; sois le bienvenu !

— Depuis quand es-tu ici ? demanda un autre.

— Depuis une heure. J'ai laissé mon navire au Port-Margot, et me voici.

— Bravo ! as-tu fait une bonne expédition ?

— Parbleu ! les Gavachos ne sont-ils pas nos banquiers à nous autres ? dit-il en riant.

— Ainsi, tu es riche ?

---

1. On nommait ainsi une pesante chaîne d'or que les riches aventuriers portaient au chapeau.

G. AIMARD.

— Comme quatre fermiers généraux.

— Alors tu arrives bien ; le moment est bon pour faire une rafle, dit un des joueurs. Ce démon de Nantais a juré de nous mettre à sec. Regarde, mon beau capitaine, ce qu'il a devant lui.

— Bah ! fit le Nantais avec un gros rire, en éparpillant négligemment le monceau d'or étalé devant lui, ce n'est rien encore, j'espère bien tripler cela.

— C'est ce que nous allons voir, mon gars, répondit le jeune homme auquel on avait donné le titre de chevalier et de capitaine.

— Quand entres-tu, capitaine ? reprit le Nantais.

— Pardieu ! tout de suite ! fit-il, et posant doucement les mains sur l'épaule de Martial : Otez-vous de là, camarade, lui dit-il.

Le jeune homme tressaillit à cet attouchement, mais il ne bougea pas. Le capitaine attendit un instant.

— Ah çà ! reprit-il en lui posant de nouveau la main sur l'épaule, mais plus fort cette fois, est-ce que vous êtes sourd, camarade ?

Martial se retourna à demi et regardant son interlocuteur bien en face :

— Non, répondit-il seulement.

— Bon, fit le capitaine en frisant sa moustache, vous n'êtes pas sourd ? J'en suis bien aise pour vous ; alors, puisqu'il en est ainsi, pourquoi ne vous levez-vous pas ?

— Parce que cela ne me plaît point, probablement, dit sèchement Martial.

— Hein ? fit le capitaine dont les sourcils se froncèrent, ceci est bien plus drôle que je ne le supposais.

— Vous croyez ?

— Pardieu ! Et se retournant vers les matelots qui, attirés par le bruit de cette altercation, s'étaient groupés derrière lui : Démasquez la porte, dit-il.

— Pourquoi démasquer la porte ? demanda Martial, toujours calme en apparence.

— Parce que, cher monsieur, répondit le capitaine d'un ton courtoisement railleur, si vous ne vous levez pas, je vais avoir le déplaisir de vous jeter dehors.

— Vous êtes fou ! dit le jeune homme en haussant dédaigneusement les épaules et en vidant son verre.

Le capitaine, surpris malgré lui de l'attitude ferme et résolue de son interlocuteur, l'examina un instant avec une surprise mêlée de curiosité.

— Voyons, lui dit-il, ne soyez pas enfant, jeune homme ; il est évident pour moi que vous ignorez à qui vous avez affaire.

— Je l'ignore en effet, répondit Martial, et je ne m'en soucie que fort médiocrement. On vous appelle capitaine et on vous donne le titre de chevalier, cela ne vous autorise aucunement, à mon avis, à être grossier avec moi.

— Ah ! ah ! fit-il en ricanant, eh bien ! sachez donc, monsieur, que je suis le chevalier de Grammont.

— Je ne connais pas de chevalier de Grammont et je vous répète que peu m'importe.

A ces paroles nettement et fièrement articulées, un frémissement de terreur courut dans toute la salle.

Le chevalier de Grammont[1], doué d'une force herculéenne et d'une adresse sans égale dans le maniement des armes, était redouté de tous ces hommes qui cependant se vantaient avec raison de ne rien craindre, mais qui en maintes occasions lui avaient vu donner des preuves d'une vigueur surhumaine et d'un courage féroce.

— Eh bien! mon ami, reprit lentement le chevalier en ôtant son chapeau et le posant sur une table, puisque je vous ai dit mon nom et mon titre, il ne me reste plus qu'à vous apprendre ce dont je suis capable, et cela, vous le saurez bientôt, vive Dieu!

Martial se leva pâle et calme.

— Prenez garde, lui dit-il, vous n'avez aucun motif pour me chercher querelle, nous sommes inconnus l'un et l'autre, vous m'avez insulté sans raison; je veux bien l'oublier, il en est temps encore, retirez-vous, car je jure Dieu que ma patience est à bout et que si votre main se lève pour me toucher, je vous brise, comme je brise ce verre. Et il fit voler en éclats le verre qu'il tenait à la main.

Les aventuriers éclatèrent d'un rire homérique.

— Bravo! dit le capitaine d'un air railleur, fort bien prêché, sur mon âme, mais cela m'ennuie, allons, videz la place!

Il s'élança brusquement sur le jeune homme.

Celui-ci surveillait tous les mouvements du chevalier; il bondit de côté, un éclair passa dans son regard, et se ruant comme un tigre sur son adversaire, il le saisit à la nuque et à la ceinture, le balança un instant au-dessus de sa tête, malgré ses efforts désespérés pour se dégager, et le lança dans la rue, où il alla tomber comme une masse.

Après avoir donné aux aventuriers stupéfaits cette preuve de vigueur prodigieuse, le jeune homme s'appuya nonchalamment contre une table et croisa les bras sur sa poitrine.

Mais presque aussitôt le chevalier s'était relevé et s'était précipité, l'épée à la main, dans la salle en poussant des rugissements de fureur.

Il était livide; une écume sanglante marbrait le coin de ses lèvres crispées par la colère.

— Sa vie! il me faut sa vie! s'écriait-il.

— Je suis sans armes; voulez-vous donc m'assassiner? répondit railleusement Martial sans faire un mouvement pour éviter le coup dont il était menacé.

Le capitaine s'arrêta.

— C'est vrai, murmura-t-il d'une voix étranglée. Cependant il faut qu'il meure! Qu'on lui donne une épée, un poignard, n'importe quoi.

— Je ne veux pas me battre en ce moment, dit-il froidement.

— Oh! il a peur, le lâche! s'écria le chevalier.

1. Il se nommait réellement ainsi, et appartenait à cette ancienne famille.

G. AIMARD.

La foule réunie sur la plage poussa un cri de terreur et d'admiration.

— Je n'ai pas peur et je ne suis pas un lâche, reprit-il, seulement j'ai pitié de vous; si nous nous battions, je vous tuerais, car la colère vous rend ivre et vous aveugle.

En ce moment un nouveau personnage qui, à la faveur du tumulte occasionné par cette rixe, était entré en compagnie de plusieurs personnes sans être remarqué, s'interposa brusquement en frappant sur l'épaule du capitaine.

Celui-ci se retourna comme si un serpent l'avait piqué ; mais à la vue de l'inconnu qui se tenait froid et digne devant lui, son exaltation tomba subitement ; et baissant la pointe de son épée, bien qu'un tressaillement nerveux agitât tout son corps :

— Montbars ! murmura-t-il d'une voix étouffée.

C'était en effet le célèbre flibustier. Il jouit un instant de son triomphe sur cette nature indomptable, puis il reprit la parole.

— Ton adversaire a raison, Grammont, dit-il d'une voix incisive, tu n'es pas en état de te battre.

— Ah ! fit-il avec ressentiment, toi aussi, tu te mets contre moi.

— Tu es fou, reprit-il en haussant imperceptiblement les épaules, je ne veux que t'empêcher de faire une sottise.

A la vue de Montbars, les aventuriers s'étaient respectueusement reculés, laissant un large espace vide au milieu de la salle.

— Cet homme m'a déshonoré, il faut qu'il meure ! reprit le capitaine en frappant du pied avec rage.

Martial fit deux pas en avant.

— Non, monsieur, dit-il avec un accent de dignité qui surprit tous les spectateurs de cette scène singulière, c'est vous qui vous êtes déshonoré vous-même par l'insulte brutale et grossière dont vous vouliez me flétrir ; je n'ai fait que me défendre, prévenir une voie de fait indigne de vous et de moi ; je ne conserve contre vous aucune colère, aucune animosité ; je vous tiens, et je le dis hautement devant tous, pour un homme d'honneur ; ce qui s'est passé entre nous ne signifie rien : j'ai été plus adroit que vous parce que j'étais plus calme, voilà tout !

Pendant que le jeune homme parlait ainsi d'une voix douce et sympathique, Montbars l'examinait attentivement ; ses traits sévères prenaient une expression de bienveillance, et lorsqu'il se tut, il murmura en regardant le capitaine :

— Voilà qui est bien dit, qu'en penses-tu, chevalier ? n'est-ce pas un brave garçon ?

Le capitaine demeura un instant immobile, les yeux fixés à terre, en proie à une émotion que, malgré toute sa puissance sur lui-même, il ne parvenait pas à maîtriser ; enfin il releva la tête, une rougeur fébrile colora son visage, et, s'inclinant devant le jeune homme debout devant lui :

— Oui, vive Dieu ! vous êtes un brave garçon, dit-il, et un grand cœur, qui plus est ; quant à moi, je suis une bête féroce ; j'ai mérité la rude leçon que vous m'avez donnée ; pardonnez-moi donc, monsieur, car je reconnais mes torts.

— Monsieur, ceci est de trop, répondit Martial.

— Non, monsieur, ceci est bien, au contraire, dit Montbars.

— Maintenant, une dernière grâce, monsieur, reprit le capitaine.

— Je suis à vos ordres, monsieur.

— Consentez à me faire l'honneur de croiser l'épée avec moi.

— Monsieur...

— Oh ! ne me refusez pas, je vous en prie, monsieur, dit-il avec insistance ;

je ne conserve plus de colère contre vous, mais mon honneur exige que vous m'accordiez cette réparation, ne serait-ce, ajouta-t-il avec un sourire triste, que pour enlever la poussière dont mes vêtements sont souillés.

— Vous le voyez, je suis sans arme.

— C'est vrai, monsieur, dit Montbars en tirant son épée du fourreau et la lui présentant, consentez à vous servir de celle-ci ; le capitaine a raison, vous ne sauriez lui refuser la réparation qu'il demande.

— Je ne songe pas à le faire, monsieur, j'accepte votre épée ; mais où nous battrons-nous ?

— Ici même, si vous le voulez bien, dit le capitaine.

— Soit, monsieur.

Les deux adversaires ôtèrent leurs pourpoints et se mirent en garde.

La salle de l'auberge offrait en ce moment un aspect étrange.

Les aventuriers s'étaient peu à peu reculés à droite et à gauche et, pour donner plus de place aux combattants, ils étaient montés sur les tables, gardant un silence funèbre, mais avançant anxieusement la tête sur l'épaule les uns des autres, afin de mieux suivre les péripéties du duel.

Après s'être courtoisement salués, les deux adversaires engagèrent les épées.

Dès les premières passes, les assistants comprirent que les deux hommes étaient de force supérieure. Malgré la rapidité des passes et des feintes du capitaine, Martial, immobile comme s'il eût été cloué à la place qu'il avait prise, maintenait toujours la pointe au corps ; son poignet semblait de fer.

De son côté, le chevalier de Grammont, rompu à tous les exercices du corps, et dont la vigueur naturelle était encore surexcitée par la honte de sa première défaite, opposait à son adversaire une résistance inébranlable.

Le capitaine avait repris tout son sang-froid, et, comme en se jouant, maniait son épée avec une élégance et une habileté extrêmes.

Deux ou trois minutes s'écoulèrent pendant lesquelles on n'entendit dans cette salle, cependant remplie de monde, d'autre bruit que celui de la respiration haletante des deux adversaires et le froissement sinistre du fer contre le fer.

Seul peut-être de tous les spectateurs, Montbars paraissait deviner la supériorité du jeu souple et serré à la fois de Martial, sur celui du capitaine.

Une fois, le chevalier ayant attaqué sur les armes, Martial vint à la parade en prime et riposta par un coup droit si rapide, que s'il n'avait pas retenu le fer, le capitaine aurait été traversé de part en part.

Montbars, intéressé malgré lui par cette scène, et ne comprenant rien à la façon de combattre du jeune homme, suivait avec une anxiété qui, malgré lui, se peignait sur son visage, toutes les péripéties de ce duel singulier ; il se demandait tout bas comment cela allait finir, lorsque tout à coup le capitaine fit un pas en arrière et, abaissant son épée :

— Vous êtes blessé? dit-il.

— C'est vrai, répondit Martial en imitant son mouvement.

La pointe de l'arme du chevalier lui avait effleuré l'épaule, sur laquelle araissaient quelques gouttes de sang.

— Messieurs, c'en est assez, dit Montbars en se plaçant entre eux.

— Parbleu ! fit le capitaine, je ne me soucie nullement de recommencer, je me reconnais doublement battu ; monsieur s'est juré d'avoir tout l'honneur de cette affaire : s'il l'avait voulu, dix fois il m'aurait tué.

— Oh ! monsieur, fit le jeune homme.

— Bah ! dit-il gaiement, je ne suis pas dupe de votre blessure, je ne suis qu'un écolier près de vous ; voici ma main, monsieur, serrez-la franchement, c'est celle d'un ami.

— J'accepte avec joie, monsieur, répondit Martial ; croyez bien que rien ne saurait me causer un plus vif plaisir.

— Allons, allons, dit en riant Montbars, tu as été plus heureux que sage, mon brave Grammont ; monsieur est un fort galant homme, tu ne t'es pas trompé ; il t'aurait certes tué s'il l'eût voulu.

— Ne parlons plus de cela, je vous en conjure, dit en souriant le jeune homme.

— Parlons-en, au contraire, reprit le capitaine avec une brusque franchise. Je suis un brutal ; j'avais besoin de cette leçon, je le répète ; mais soyez tranquille, camarade, je m'en souviendrai. Quel malheur qu'un aussi charmant compagnon que vous ne soit pas marin !

— Pardon, monsieur, je le suis

— Vrai, vous êtes marin ? fit-il avec joie.

— Certes, dit alors Vent-en-Panne, qui avait entendu toute cette conversation et s'était rapproché, et la preuve, c'est que monsieur est mon second lieutenant ; c'est même en partie à lui que je dois le salut de mon navire.

— Pardieu ! voilà qui se rencontre à merveille, s'écria le capitaine ; si cela vous convient, nous naviguerons de compagnie à la côte, et nous jouerons de bons tours à ces scélérats de Gavachos.

— Eh ! mais, un instant, dit Vent-en-Panne, laissez-moi au moins le présenter à Montbars. C'est dans cette intention que je l'avais prié de se rendre ici.

— Il s'est, pardieu, bien présenté lui-même, répondit en riant le flibustier ; maintenant, mon vieux matelot, il peut se passer de toi, car c'est moi qui le cautionne.

Martial, flatté de cet éloge si délicat, salua Montbars, en rougissant de plaisir et d'orgueil.

IX

LES FRÈRES DE LA COTE

Était-ce par suite de motifs cachés, ou d'une détermination arrêtée à l'avance, que dans les événements que nous avons rapportés, Martial avait tenu une conduite si ferme et si décidée ?

Nous ne saurions le dire avec certitude. Peut-être le jeune homme, naturellement brave et hautain, avait-il senti son sang s'allumer à l'insulte brutale qu'il avait reçue si à l'improviste, et s'était-il malgré lui laissé emporter à sa juste indignation; peut-être aussi, feignant une colère beaucoup plus grande que celle qu'en réalité il éprouvait, avait-il saisi avec empressement l'occasion qui lui était si favorablement offerte par le hasard pour se poser du premier coup parmi les aventuriers, si fins connaisseurs en cette matière, en homme résolu que rien n'était capable d'intimider, et de plus, chose à considérer, avec de tels compagnons, doué d'une vigueur musculaire peu commune.

Si telle était en effet son intention, le succès dépassa son espérance; les aventuriers qui, d'abord, avaient souri de pitié en le voyant accepter la lutte que lui offrait un de leurs plus redoutables champions, avaient complètement modifié leurs appréciations depuis qu'ils l'avaient vu à l'œuvre; ils ne le considéraient plus qu'avec une curiosité toute sympathique et empreinte même d'un certain respect.

Aucun des aventuriers n'avait été dupe de la façon dont il avait reçu sa blessure; cette gracieuse condescendance de sa part lui avait aussitôt concilié la bienveillance générale.

Sans paraître remarquer l'empressement dont il était l'objet, le jeune homme se tenait respectueusement devant Montbars, prêt à répondre aux questions qu'il plairait à celui-ci de lui adresser.

Le célèbre flibustier[1] était un homme de haute taille. A l'époque où se passe ce récit, il avait depuis longtemps déjà laissé bien loin derrière lui la cinquantaine; il portait sur ses traits mâles, qui avaient dû être fort beaux dans sa jeunesse, les ineffaçables traces des longues luttes que, sans doute, il avait eu à soutenir dans le cours de sa vie aventureuse. Son visage, livide, comme celui d'un cadavre, avait une expression de cruauté froide et d'implacable résolution qui inspiraient la crainte et le respect. De ses yeux noirs s'échappait une flamme sinistre dont il était impossible de soutenir l'éclat; ses manières aisées et élégantes étaient celles d'un gentilhomme de bonne race.

Son costume simple et sans broderies, d'une propreté remarquable, se rapprochait beaucoup de celui des matelots qui l'entouraient. Il avait au cou un sifflet en or, suspendu par une chaîne de même métal, seule chose qui, avec son épée à garde d'acier bruni, le distinguât de ses compagnons.

Après avoir pendant quelques instants examiné le jeune homme avec une attention qui ne laissait pas de causer une certaine inquiétude à celui-ci :

— Allons, lui dit-il doucement, j'espère que nous ferons quelque chose de vous, mon jeune gars.

— Mon plus vif désir est de naviguer sous vos ordres, monsieur, répondit Martial.

— Vent-en-Panne m'a assuré que vous êtes bon marin.

— J'ai quinze ans de navigation, monsieur.

— Hum! Quinze ans ! quel âge avez-vous donc, mon maître? Vous me semblez bien jeune pour un loup de mer.

---

1. Voir *Les Aventuriers*.

— J'ai vingt-deux ans, monsieur; à l'âge de sept ans, je me suis embarqué mousse, depuis lors je n'ai plus quitté la mer.

— Votre navigation n'a été que du cabotage, sans doute?

— Pardonnez-moi, monsieur; j'ai pêché le hareng avec les Flamands, harponné la baleine avec les Bayonnais, et avec les Hollandais je suis allé au pays des épices.

L'aventurier hocha tristement la tête.

— Ainsi, reprit-il, en fixant un regard interrogateur sur Martial, vous désirez, mon jeune maître, vous embarquer avec nous?

— Déjà je vous ai dit que c'était mon plus cher désir.

— Vous êtes malheureux? lui dit-il avec un sourire triste.

Malgré lui, le jeune homme tressaillit à cette question, à laquelle il était si loin de s'attendre; il se sentit pâlir.

— Moi? balbutia-t-il avec embarras.

— Oui; vous aimez, n'est-ce pas? Votre amour n'est pas partagé, votre cœur est brisé; alors la pensée vous est venue de faire la course, et vous avez saisi avec empressement l'occasion que vous offrait le hasard de vous embarquer sur le *Caïman*.

— Mais... fit-il.

— Oui, c'est cela; cette folie a failli vous coûter cher, pauvre enfant; du reste, calmez-vous, je ne vous demande pas votre secret. Vous avez vingt ans, vous êtes jeune, beau, c'est l'histoire universelle cela, rien n'est plus ordinaire; nous avons tous payé cette dette, ajouta-t-il, en essuyant son front moite de sueur; vous, vous voulez courir l'aventure?

— Oui.

— Eh bien! soit; vous êtes des nôtres désormais. Dieu veuille que vous ne vous repentiez jamais de la funeste résolution que vous prenez aujourd'hui.

— Je suis déterminé, dit-il d'une voix ferme.

— Alors, tout est dit, mon enfant; bonne chance!

— Ah! ah! fit le chevalier de Grammont, en s'approchant, encore ensemble? Pardieu! Montbars, tu accapares un peu trop notre nouveau compagnon, nul ne peut lui parler.

— A ton aise, répondit en souriant l'aventurier. Que veux-tu lui dire?

— Ceci, et je ne suis pas fâché que tu l'entendes. Alors, se tournant vers le jeune homme: Écoute, lui dit-il, jusqu'à présent je me suis obstiné à vivre seul comme un ours, sans jamais consentir à former de liaisons, ne voulant contracter de matelotage qu'avec un homme taillé comme moi dans le granit; tu es l'homme que j'attendais, veux-tu être mon matelot?

— Je le crois bien, s'écria joyeusement le jeune homme.

— Eh bien, touche là! Nous sommes frères, dit-il en lui tendant la main.

Martial lui tendit la sienne sans hésiter.

— Comment te nommes-tu, frère?

— Martial.

— Bon, ce n'est pas un nom d'aventure, cela, je vais t'en donner un autre, moi.

— A votre aise.

— Entre frères on se tutoie.

— A ton aise, frère.

— A la bonne heure ! Ton nom, le voici : tu te nommeras désormais Francœur ; je me trompe fort, ou bien ce nom deviendra célèbre parmi nous.

— Pardieu ! je ferai tout ce qu'il faudra pour cela, sois tranquille, répondit gaiement le nouvel aventurier.

Montbars avait écouté en souriant, comme il savait sourire, c'est-à-dire en plissant légèrement les lèvres, ce rapide colloque des deux jeunes gens.

Martial ou Francœur, car désormais nous lui donnerons indistinctement ces deux noms, nageait littéralement dans la joie ; une réussite aussi complète dépassait toutes ses espérances.

— Maintenant, dit Montbars, puisque vous voulez naviguer avec moi, vous allez être satisfait. Il frappa du poing sur la table : Holà, les caïmans ! cria-t-il, avancez à l'ordre.

Les matelots quittèrent aussitôt leurs tables.

Montbars laissa un moment errer son regard sur ces visages bronzés, avec une satisfaction visible ; puis, après un instant, reprenant la parole au milieu du silence le plus complet des assistants :

— Frères de la Côte, dit-il, officiers-maîtres, quartiers-maîtres et matelots, notre frère le Malouin, qui remplissait à bord les fonctions de lieutenant, ayant été tué par les Gavachos lors de l'abordage du galion la *Santissima-Trinidad*, usant des pouvoirs qui me sont conférés par la charte-partie que tous vous avez signée avec moi à notre départ de Port-de-Paix, j'ai songé à remplacer le Malouin par un homme résolu qui fût comme lui un vrai matelot ; mais ne voulant pas éveiller de jalousie entre vous, frères, car tous vous êtes aptes à remplir ce poste, puisque beaucoup d'entre vous ont plusieurs fois commandé en chef des expéditions, je n'ai voulu prendre aucun matelot de l'équipage ; j'ai fait choix, ajouta-t-il en posant la main sur l'épaule du jeune homme dont le front rayonnait de joie et d'orgueil, j'ai fait choix de l'homme que voici ; déjà vous le connaissez, vous l'avez vu à l'œuvre ici-même ; c'est lui que je nomme lieutenant du brick-goëlette *Le Serpent* que j'ai l'honneur de commander : reconnaissez donc Francœur en cette qualité et obéissez-lui pour tout ce qui regarde le service, comme vous y oblige la charte-partie volontairement consentie et signée par vous.

Ce discours fut suivi d'un murmure de satisfaction qui bientôt se changea en applaudissements unanimes.

Puis les aventuriers vinrent l'un après l'autre serrer la main du nouvel officier en lui promettant obéissance.

Ce devoir accompli, ils se rangèrent de nouveau derrière Montbars.

— Frères, dit alors Martial, je suis bien jeune pour aspirer à commander des hommes tels que vous, mais oubliez mon âge, ne vous souvenez même plus de ce que vous m'avez vu faire à bord de notre pauvre *Caïman*, attendez pour me juger de m'avoir vu sérieusement à l'œuvre et soyez convaincus que, Dieu aidant, je justifierai le choix que Montbars a daigné faire de moi.

— Je n'ajouterai qu'un mot, frères, s'écria Grammont, Francœur est mon matelot, ne l'oubliez pas.

Les aventuriers répondirent par de joyeux vivats.

En ce moment trois ou quatre personnes entrèrent dans l'auberge.

— Enfants, dit Montbars, retirez-vous, j'ai besoin de demeurer seul avec ceux de nos frères qui déjà en plusieurs circonstances ont commmandé en chef des expéditions.

Jamais ordre du sultan de Delhi ne fut plus vivement et plus complètement exécuté.

Cinq minutes plus tard, quelques aventuriers seulement étaient demeurés dans la salle : c'étaient Montbars, Grammont, Pierre Legrand, Vent-en-Panne, Michel le Basque, Francœur, Drack, le Poletais, Philippe, Pitrians et un onzième, si soigneusement enveloppé dans les plis d'un large manteau, qu'il était impossible de le reconnaître.

Excepté Martial, c'étaient tous de vieux Frères de la Côte, l'élite de la flibuste ; des hommes qui avaient bravé la mort dans cent combats inégaux et accompli des actions de la plus héroïque témérité.

Le chevalier de Grammont sembla compter du regard les membres de l'assemblée, et, s'adressant tout à coup à Pitrians immobile auprès de la porte qu'il avait refermée :

— Or çà, drôle! lui dit-il d'une voix rude, que fais-tu ici? décampe au plus vite, ou sinon....

— Modérez votre ardeur, chevalier, interrompit froidement Philippe, Pitrians est ici parce que je lui ai ordonné de demeurer et il y restera jusqu'à ce que je lui dise de sortir.

Le chevalier lança un regard de travers au jeune homme. Grammont et Philippe se détestaient. Pour quelle raison? personne n'aurait su le dire; peut-être ne le savaient-ils pas eux-mêmes; ils éprouvaient l'un pour l'autre une invincible antipathie; c'était chez eux affaire de nerfs plutôt qu'autre chose.

Le fait positif, certain, que tout le monde connaissait, c'est qu'ils nourrissaient l'un contre l'autre une forte et franche haine, qui ne demandait qu'à éclater au grand jour; bref une catastrophe devenait imminente entre les deux hommes dès qu'ils se trouvaient face à face.

— Qu'est-ce à dire, fit Grammont avec hauteur, vous donnez donc des ordres ici, mon maître?

— J'en ai partout et toujours donné à mes engagés et souvent à mes égaux, répondit sèchement Philippe.

— L'ordre de Montbars est formel, ce drôle n'a pas le droit de rester ici, et j'exige qu'il sorte.

— Son titre pour être avec nous est au moins aussi valable que celui de votre nouveau matelot, qui est plus jeune que lui dans la flibuste, je suppose.

La querelle s'envenimait, Montbars s'interposa.

— Vous avez tort tous les deux, dit-il; ton matelot, Grammont, et ton engagé, Philippe, ne peuvent ni l'un ni l'autre assister à l'entretien qui va avoir lieu : donc, il faut qu'ils sortent.

Il saisit son adversaire à la nuque et à la ceinture et le lança dans la rue.

— Pour ma part, je ne m'y oppose nullement, répondit Philippe avec déférence, et si, au lieu d'être impoli et cassant comme à son ordinaire, le capitaine Grammont avait jugé convenable d'attendre quelques minutes, mon engagé serait sorti, moi-même je lui en aurais donné l'ordre. S'il est demeuré, ce n'est que parce que j'ai deux mots à dire à son sujet aux frères qui sont rassemblés, et que ces deux mots, il les doit entendre.

— Parle, alors, frère, nous t'écoutons.

— Je serai bref.

— Voyons un peu, dit le chevalier avec ironie.

— Nos lois exigent que celui qui veut émanciper un engagé, proclame devant le conseil cette émancipation et les causes qui ont amené une telle mesure de la part du maître, n'est-il pas vrai?

— C'est vrai, répondirent les flibustiers d'une seule voix.

— Pitrians, mon engagé, m'a sauvé la vie la nuit dernière au péril de la sienne; plusieurs de nos frères peuvent en témoigner.

— Moi d'abord, dit Vent-en-Panne.

— Et moi, ajouta Pierre Legrand.

— Je fais remise à Pitrians du temps d'engagement qui lui reste à faire; à compter de cet instant je reconnais qu'il est libre et notre égal; embrasse-moi, frère Pitrians.

— De grand cœur et merci, frère, s'écria Pitrians en se jetant dans ses bras, seulement je ne me tiens pas quitte envers toi, Philippe; si je ne suis plus ton engagé, je veux toujours être ton ami.

— Je l'entends bien ainsi, frère.

Les autres flibustiers serrèrent chaleureusement la main de Pitrians et le félicitèrent de sa bonne fortune; les émancipations étaient rares parmi les flibustiers.

— Maintenant, retire-toi, Pitrians, reprit Philippe; on te l'a dit : ta place n'est pas ici, et emmène avec toi le matelot du chevalier qui non plus ne saurait y demeurer.

Grammont se mordit les lèvres avec rage, mais il n'avait rien à répondre. Soudain il étendit le bras vers l'homme au manteau, et le désignant aux autres flibustiers :

— Et celui-ci, dit-il avec ironie, est-ce encore un ami du capitaine Philippe, et se croit-il en cette qualité autorisé à assister masqué à nos réunions?

— Je suis en effet un des meilleurs et des plus vieux amis du capitaine Philippe, répondit froidement l'homme au manteau, et bientôt vous en aurez la preuve, chevalier.

— Eh bien ! donnez-la donc, cette preuve ! s'écria le chevalier avec violence.

L'inconnu suivit du regard Martial et Pitrians qui sortaient de la salle; lorsque la porte se fut refermée derrière eux, il s'avança jusqu'au milieu du cercle.

— Cette preuve, la voici, dit-il en ouvrant son manteau et quittant son chapeau.

— Monsieur d'Ogeron ! s'écrièrent les flibustiers avec une surprise joyeuse.

— Moi-même, messieurs. Êtes-vous satisfait maintenant, capitaine Grammont ?

— Oh! monsieur, que d'excuses! répondit-il en s'inclinant respectueuse-ment devant ce vieillard pour lequel tous les flibustiers avaient une vénéra-tion si profonde.

— Brisons là, monsieur, répondit en souriant M. d'Ogeron, nous avons à nous occuper d'intérêts trop importants pour réveiller une sotte querelle; à mon avis, mieux vaudrait vous donner une franche poignée de main et que tout fût fini entre vous.

Les deux hommes firent chacun un pas en arrière à cette proposition

— Vous ne le voulez pas? reprit-il, soit, n'en parlons plus et venons au fait; acceptez-vous les ouvertures que j'avais chargé Pierre Legrand, notre frère, de vous faire?

— Pierre Legrand, sans doute d'après vos recommandations expresses, monsieur, répondit Montbars au nom de l'assemblée, ne nous avait parlé que vaguement de cette affaire comme devant être tentée dans notre intérêt com-mun, mais nullement en votre nom.

— Et que lui avez-vous répondu?

— Nous lui avons répondu, monsieur, que cette expédition était fort hasardeuse, que les Espagnols, mis sur leurs gardes, solidement retranchés et commandés par un brave officier, se défendraient comme des lions, que nous courions grand risque non seulement de ne pas réussir, mais encore de faire tuer en pure perte beaucoup des nôtres.

— Fort bien, messieurs; maintenant écoutez-moi, je vous prie. Je ne vous rappellerai pas que c'est moi qui, à une autre époque, vous ai fait obtenir des lettres de marque du Portugal, même lorsque cette puissance était en paix avec l'Espagne; je ne mentionnerai pas davantage les autres services que j'ai été assez heureux pour vous rendre, vous en avez, j'en suis convaincu, gardé bon souvenir.

— Nous ne sommes pas ingrats, monsieur, nous savons ce que nous vous devons.

— Je me bornerai donc à vous dire ceci : j'arrive de France, j'ai vu le car-dinal Mazarin...

Un frémissement de curiosité agita l'assemblée. M. d'Ogeron continua :

— Son Éminence a daigné faire droit à mes respectueuses demandes; le cardinal a compris que des hommes de votre valeur, messieurs, ne devaient pas être plus longtemps mis au ban de la société; vous n'êtes plus des parias, vous n'êtes plus des pirates, vous n'êtes plus des corsaires, vous êtes des sujets loyaux de Sa Majesté Très-Chrétienne, dont l'existence légale est admise et reconnue par le roi : en conséquence, tout en demeurant libres comme vous l'étiez auparavant, Sa Majesté le roi Louis XIV, dans son iné-puisable bienveillance pour vous, vous accorde sa protection pleine et entière avec le droit de hisser son pavillon sur vos navires; de plus, Sa Majesté a daigné me nommer gouverneur de toutes ses possessions de l'Atlan-tique. Acceptez-vous ces conditions, messieurs; me reconnaissez-vous ce titre; êtes-vous disposés à m'obéir?

— Vive le roi! s'écrièrent les flibustiers avec enthousiasme. Vive notre gouverneur!

— Merci, messieurs, merci.

— Monsieur, répondit Montbars toujours froid et digne, ces bontés du roi nous comblent de joie. Le choix qu'il a fait de vous pour nous gouverner nous est une preuve des bonnes intentions de Sa Majesté. Seulement il est bien entendu, n'est-ce pas, que notre organisation intérieure demeurera toujours la même, et que personne, pas même le roi, pas même vous, monsieur, n'aura le droit de s'en mêler ?

— Sur l'honneur, je vous le jure, monsieur, répondit M. d'Ogeron.

— Soit, monsieur, nous acceptons votre parole, car nous la savons bonne ; maintenant ordonnez, nous sommes prêts à vous obéir.

— Je veux prendre la Tortue.

— Nous la prendrons, répondit-il simplement. Demain nous conviendrons des dernières mesures à arrêter.

— Pas ici, si vous le voulez bien, le Port-de-Paix est rempli d'espions ; nous nous réunirons à l'îlot de la Tête-de-Chien, demain au coucher du soleil ; de combien d'hommes avez-vous besoin ?

— Peu, pourvu qu'ils soient bons.

— Ils le sont tous.

— C'est vrai.

— Eh bien ! vous, Montbars, Vent-en-Panne et Grammont, choisissez chacun cinquante hommes résolus dans vos équipages ; Pierre Legrand en trouvera autant de son côté ; deux cents hommes suffiront.

— Alors demain et en armes au coucher du soleil à la Tête-de-Chien.

— Nous y serons, répondirent les flibustiers.

On se sépara.

M. d'Ogeron demeura seul.

— Il y a quelque chose à faire avec ces hommes, murmura-t-il, car ils ont l'instinct du grand et du beau ! réussirai-je à les dompter et à les rendre utiles à cette grande famille de l'humanité en dehors de laquelle ils s'obstinent à vivre ?

Le vieillard hocha à plusieurs reprises la tête d'un air pensif, s'enveloppa dans son manteau afin de ne pas être reconnu, et sortit à son tour de l'auberge.

X

L'ÎLOT DE LA TÊTE-DE-CHIEN

L'îlot de la Tête-de-Chien, où les flibustiers avaient pris rendez-vous, est un écueil aride, ou pour mieux dire un banc de sable, sur lequel ne pousse d'herbe d'aucune sorte et qui se trouve à deux encâblures à peu près du Port-de-Paix sur la côte de Saint-Domingue dont il est séparé par un chenal navigable seulement à la marée montante.

Cet îlot, qui affecte une forme particulière assez semblable à celle de la tête d'un chien, ce qui lui a fait donner le nom qu'il porte, sert de refuge à une innombrable quantité de tortues de mer qui viennent à certaine époque de l'année déposer leurs œufs dans le sable.

Il est assez difficile d'atterrir sur cette plage qui n'offre aucune espèce d'abri pour les embarcations. Cependant, malgré cela et peut-être même à cause de cela, les flibustiers en avaient fait un point de rendez-vous, lorsqu'ils avaient à traiter de matières sérieuses ou à discuter des expéditions intéressant la société des Frères de la Côte.

Du reste le lieu était bien choisi si l'on voulait éviter les espions, car il était impossible de s'en approcher n'importe de quel côté sans être immédiatement aperçu par ceux qui se trouvaient dessus.

De plus on dominait la mer jusqu'à la limite extrême de l'horizon et si soi-même, on ne voulait pas être vu, ç'était chose facile en se réfugiant dans une grotte assez vaste qui se trouvait au centre de l'îlot, s'ouvrant au milieu d'un chaos de rochers surgi probablement du fond de la mer à la suite de l'un de ces terribles cataclysmes si fréquents dans ces contrées et qui changent, en quelques minutes à peine, totalement la configuration du sol.

Le lendemain du jour où le hasard avait si fortement réuni les chefs principaux de la flibuste à l'auberge du *Saumon couronné*, plusieurs pirogues, la plupart montées par un seul homme, quittèrent au coucher du soleil différents points de la côte de Saint-Domingue et se dirigèrent à force de rames vers l'îlot de la Tête-de-Chien, où elles abordèrent presque en même temps.

Après avoir tiré les pirogues sur le sable afin que la mer ne les emportât pas, car il était impossible de les amarrer, ceux qui les montaient se dirigèrent isolément vers la grotte située au milieu de l'îlot et dont nous avons parlé plus haut.

La grotte était naturellement assez obscure, mais comme les premiers venus avaient eu le soin d'allumer des torches de bois chandelle qu'ils avaient ensuite plantées droites dans le sable, les derniers venus trouvèrent une clarté suffisante pour reconnaître leurs compagnons et s'assurer que nul individu suspect ne s'était faufilé parmi eux.

La réunion n'était pas nombreuse ; elle ne se composait en tout que de onze personnes ; c'étaient : MM. d'Ogeron, Montbars l'Exterminateur, Philippe d'Ogeron, le chevalier de Grammont, Pierre Legrand, Vent-en-Panne, Drack, le Poletais, Michel le Basque, Martial et Pitrians ; ces deux derniers assistaient à la séance par faveur spéciale, le premier parce qu'il était le matelot du chevalier de Grammont qui avait demandé cette exception, et le second parce que Philippe d'Ogeron l'avait fait admettre sous sa responsabilité personnelle, mais en réalité pour faire pièce 9 Grammont qu'il détestait cordialement et auquel il n'était pas fâché de déplaire.

Lorsque les flibustiers furent tous réunis dans la grotte, ils se saluèrent, s'assirent comme ils purent sur des blocs de rochers, allumèrent leurs pipes et la conférence commença sous la présidence non contestée de M. d'Ogeron, que son âge et l'influence dont à si juste titre il jouissait parmi les Frères de la Côte, appelaient à cet honneur.

M. d'Ogeron répéta, mais dans de plus grands détails, ce qu'il avait dit la veille ; il raconta son voyage en France ; son entrevue avec le cardinal Maza rin, s'appesantit sur les avantages que procurerait à l'association des Frères de la Côte, la toute-puissante protection du roi Louis XIV et insista auprès de ses auditeurs pour que cette bienveillance, que daignait leur témoigner le roi, fût appréciée par eux comme elle devait l'être; puis il arriva au but principal de la conférence, c'est-à-dire à la nécessité de s'emparer le plus tôt possible de l'île de la Tortue et à ne pas laisser plus longtemps le pavillon espagnol flotter jusque sous leurs yeux comme pour les narguer et railler cette indépendance qu'ils se flattaient d'avoir conquise.

Le discours de M. d'Ogeron, habilement préparé, produisit un grand effet sur ses auditeurs, dont il flattait les plus vifs sentiments.

Ces hommes mis au ban de la société, considérés comme des parias, traités par leurs ennemis les Espagnols comme des pirates sans consistance, se sentaient intérieurement gonflés d'orgueil à la pensée que le roi Louis XIV recherchait leur alliance et traitait pour ainsi dire d'égal à égal avec eux.

Ils se sentaient relevés dans leur propre estime par cette offre du roi et se réjouissaient d'avoir été jugés dignes qu'elle leur fût faite. La plupart d'entre eux, jetés par des circonstances indépendantes de leur volonté dans cette vie d'aventures et de hasards, aspiraient secrètement à la quitter pour reprendre leur place dans la société qui les avait rejetés de son sein; les paroles de M. d'Ogeron trouvèrent donc d'autant plus d'écho dans leur cœur, qu'ils entrevirent l'espoir de reconquérir, dans un avenir prochain, tous les biens qu'ils croyaient avoir à jamais perdus et après lesquels ils soupiraient d'autant plus qu'ils ne comptaient plus les posséder jamais. Tant il est vrai, que ce n'est jamais impunément qu'un homme, si fort qu'il soit, se sépare de la société, foule aux pieds les lois qui la régissent, et prétend vivre pour lui seul et en dehors d'elle; toutes choses auxquelles s'oppose la grande solidarité humaine.

Montbars avait attentivement écouté M. d'Ogeron; plusieurs fois, pendant son discours, il avait froncé imperceptiblement les sourcils, car seul, peut-être, il avait deviné les pensées secrètes du vieillard et le but auquel il tendait.

— Monsieur, répondit-il au nom de ses compagnons, nous sommes, ainsi que nous le devons, reconnaissants à Sa Majesté le roi Louis XIV, d'une bienveillance que nous n'avons aucunement sollicitée.

— C'est vrai, monsieur, répondit M. d'Ogeron, qui sentit le coup et le voulut parer. Mais, Sa Majesté s'intéresse à tous ses sujets, quels qu'ils soient et en quelque lieu qu'ils se trouvent, et est heureuse, lorsque l'occasion s'en présente, de leur donner des marques de satisfaction.

— Pardon, monsieur, répondit le chef de la flibuste avec un sourire amer, je crois que vous confondez en ce moment.

— Que voulez-vous dire, monsieur?

— N'avez-vous pas, en parlant de nous, employé le terme de sujets?

— En effet, mais ce terme n'a, je le crois, dans ma bouche rien d'offensant pour vous.

— Ni dans celle du roi Louis XIV, monsieur; je ne le trouve pas juste, voilà tout.

— Comment, n'êtes-vous pas Français? s'écria-t-il, avec surprise.

— Qui sait quelle nationalité est la nôtre, monsieur? répondit-il avec une ironie triste, puisque notre pays natal nous a reniés. Rregardez autour de vous; nous sommes dix, n'est-ce pas? voici Drack qui est Anglais, Michel qui est Basque, Martial qui probablement est Espagnol et ainsi des autres; non, monsieur, nous ne sommes pas Français et par conséquent nullement sujets du roi Louis; nous sommes des oiseaux de proie, nous autres, que la fatalité a fait échouer sur un écueil, les Frères de la Côte, les flibustiers en un mot, les rois de l'Atlantique; nous ne reconnaissons d'autre loi que celle que nous faisons nous-mêmes, d'autre maître que notre volonté; ne nous parlez donc plus de bienveillance ni de protection royale, je vous prie, et traitez-nous comme nous méritons de l'être, c'est-à-dire comme des hommes libres qui ont conquis leur indépendance et sauront la conserver quoi qu'il arrive.

— Vive Montbars! s'écrièrent les flibustiers électrisés par ces paroles.

— Mais, reprit M. d'Ogeron, si vous êtes libres comme vous le prétendez, pourquoi avez-vous reconnu la suzeraineté de la France ?

— Pardon, monsieur, voilà que vous confondez encore.

— Comment, je confonds ?

— Certes, et rien n'est plus facile à prouver. Ce n'est pas nous qui avons recours au gouvernement français dont jamais nous n'avons eu besoin, c'est le roi de France qui, au contraire, a envoyé ses agents parmi nous et a demandé notre aide contre l'Espagne, dont à juste titre la puissance dans le Nouveau-Monde l'effraye.

— Montbars! Montbars! murmura M. d'Ogeron en soupirant, il faut que vous haïssiez bien la France, cette noble terre, pour parler ainsi. »

L'œil du flibustier lança un fulgurant éclair, mais il se contint.

— Monsieur, répondit-il d'une voix calme en s'inclinant devant le vieillard, tous nous vous aimons et vous respectons comme vous méritez de l'être. Loin de moi la pensée de vous offenser ou seulement de vous affliger; vous êtes notre gouverneur, nous vous reconnaissons comme tel et nous serons toujours heureux de vous obéir en cette qualité; mais n'oubliez pas que c'est à la condition expresse de respecter nos lois et nos coutumes et de ne jamais vous immiscer dans les affaires particulières de la flibuste; cessez donc, je vous en conjure, cet entretien qui ne pourrait que nous aigrir sans intérêt pour vous ni pour nous; laissons là le roi Louis XIV, qui est un grand et puissant monarque avec lequel nous ne voulons rien avoir à démêler dans le présent ni dans l'avenir, et revenons au motif qui nous réunit ici, c'est-à-dire au moyen que nous devons employer pour nous emparer de l'île de la Tortue dans le plus bref délai possible.

— C'est cela, dit Drack, que nous importent les rois, à nous! vive la flibuste !

— Vive la flibuste! répétèrent les Frères de la Côte.

M. d'Ogeron comprit qu'il ne devait pas insister davantage. Montbars avait, par ses paroles, détruit l'effet produit par son discours; il soupira tristement et se résigna à attendre une meilleure occasion pour revenir sur un sujet qui était le vœu de sa vie.

— J'attends, messieurs, dit-il, que vous me disiez si vous avez trouvé les hommes dont nous avons besoin pour tenter l'expédition.

— Cela n'a pas été difficile, répondit Pierre Legrand, nous avons plus d'hommes qu'il ne nous en faut.

— Mais cela ne suffit pas, fit observer le chevalier de Grammont.

— D'autant plus, ajouta Montbars, que, depuis que les Espagnols se sont rendus maîtres de l'île, comme ils ont parfaitement compris l'importance de cette position, ils ont considérablement augmenté les fortifications, ont mis une nombreuse garnison dans l'île.

— Sans compter, interrompit Drack, que cette garnison est commandée par un brave officier, don Fernando d'Avila. Je le connais, moi, c'est un rude soldat, il se fera tuer plutôt que de se rendre.

— Eh bien! on le tuera, répondit brutalement Michel le Basque.

— Pardieu! fit Drack, ceci ne fait pas de doute; mais il nous donnera force besogne avant cela.

— Comment obtenir des renseignements exacts sur l'état des fortifications de l'île? demanda M. d'Ogeron, cela me semble très difficile.

— Il y a un moyen, dit alors Philippe.

— Lequel?

— C'est de s'introduire dans l'île, parbleu! fit en riant le jeune homme.

— Est-ce vous qui vous chargeriez de vous y introduire? dit aigrement Grammont.

— Pourquoi pas? répondit-il.

— Tête et sang! s'écria Grammont, je jure que si vous tentez cette folie, je vous accompagnerai, ne serait-ce que pour être témoin de la façon dont vous vous en sortirez.

— Paix! messieurs, dit en s'interposant M. d'Ogeron, parlons sérieuse-ment, je vous en prie.

— Mais je vous assure, mon oncle, répondit le jeune homme, que ma proposition est sérieuse et que si l'on m'y autorise je suis prêt à l'exécuter.

— Philippe a raison, dit Montbars, le moyen qu'il indique, tout périlleux qu'il soit, est le seul que nous devons employer. En effet, il nous est impos-sible de rien tenter avant de savoir positivement quels sont les points faibles de la place que nous voulons surprendre.

— Mais, objecta M. d'Ogeron, c'est courir à une mort certaine que d'essayer de s'introduire dans une île qui doit être si bien gardée.

— La tentative est hardie, je le sais, je ne m'en dissimule en aucune façon les difficultés, je sais que j'ai quatre-vingt-dix-neuf chances sur cent contre moi; malgré cela j'insiste, mon cher oncle, pour que cette mission me soit confiée, et je suis convaincu que je réussirai.

— Auriez-vous par hasard des intelligences dans la place, mon cher capi-taine? dit Grammont d'une voix railleuse.

— Peut-être, répondit-il avec ironie : d'ailleurs, ajouta-t-il en s'adressant aux flibustiers, peu importe les moyens que j'emploierai pourvu que je réussisse et, je le répète, si on veut me laisser faire, je réponds du succès.

— Qu'en pensez-vous, messieurs? dit M. d'Ogeron.

Il s'avança jusqu'au milieu du cercle : « Cette preuve, la voici, » dit-il.

— Nous pensons, répondit Michel le Basque, que souvent, dans des circonstances pareilles, des hommes de cœur se sont sacrifiés ainsi dans l'intérêt général ; ce que veut aujourd'hui faire le capitaine Philippe, d'autres l'ont fait déjà ; donc nous devons le laisser agir à sa guise.

— C'est bien votre avis à tous, messieurs ?

— Oui, répondirent les flibustiers d'une voix unanime.

— Soit donc, mon neveu; le conseil vous autorise à vous introduire dans l'île de la Tortue; nous attendrons votre retour avant de rien tenter afin de nous régler sur les renseignements que vous nous fournirez.

— Merci, mes frères, répondit Philippe, soyez tranquilles, ces renseignements seront exacts.

— Combien de temps demandez-vous pour accomplir votre mission?

— Deux jours me suffiront, mais à la condition de partir tout de suite.

— Emmenez-vous quelqu'un avec vous?

— Moi, dit Pitrians, il n'y a pas assez de temps que je ne suis plus son engagé pour que notre frère me refuse de le suivre.

— Oui, reprit Philippe, tu viendras avec moi; nous n'avons pas besoin d'être plus.

— Je le crois bien, fit Pitrians en se frottant joyeusement les mains.

— Le conseil vous accorde les deux jours que vous demandez, mon neveu; en sortant de l'île de la Tortue vous vous rendrez directement ici où nous serons réunis pour écouter votre rapport; d'ailleurs, à votre retour vous nous trouverez prêts à agir immédiatement; vous pouvez partir quand vous voudrez.

Philippe salua l'assemblée et se détourna pour sortir.

— Vous êtes heureux, n'est-ce pas, d'être chargé de cette reconnaissance? dit Grammont en s'approchant du jeune homme.

— Pourquoi donc? lui demanda-t-il en tressaillant.

— Bah! vous le savez bien, fit-il avec un mauvais sourire.

— Sur l'honneur, je ne vous comprends pas.

— Vrai? eh bien! je me comprends, moi. Et ricanant avec ironie, il salua le jeune homme et le quitta.

— Oh! murmura Philippe avec épouvante, ce misérable aurait-il deviné? Vive Dieu! qu'il prenne garde de ne pas se jeter à la traverse de mes projets, sur mon âme, je le tuerai comme un chien!

Il s'élança hors de la grotte.

— Eh bien? demanda-t-il à Pitrians qui accourait vers lui.

— La pirogue est prête, répondit celui-ci, partons-nous?

— Tout de suite, viens, nous n'avons pas un instant à perdre, répondit-il avec agitation.

Ils sautèrent dans la légère embarcation et s'éloignèrent à force de rames.

— Au revoir et bonne chance! leur cria d'une voix railleuse Grammont qui assistait à leur départ.

— Ce misérable rumine quelque fourberie, murmura le jeune homme, je le surveillerai.

Bientôt la pirogue disparut au milieu des ténèbres et Grammont regagna la grotte à pas lents, plongé en apparence dans de sérieuses réflexions.

XI

LE JARDIN

Avant de nous transporter dans l'île de la Tortue, où nous conduisent maintenant les exigences de notre narration, il est de notre devoir de dire ce qu'était cette île, et comment il se faisait que les Espagnols en fussent les maîtres.

L'île de la Tortue, que les aventuriers rendirent si justement célèbre au xviie siècle, doit le nom qu'elle porte à sa forme, qui est à peu près celle d'une tortue de mer ; elle a soixante-six kilomètres de tour; cerclée d'immenses chaos de rochers surgissant de la mer à une grande hauteur, et appelés côtes de fer par les habitants, elle n'est accessible que du côté du midi, par un canal large de sept kilomètres qui la sépare de Saint-Domingue.

Elle ne possède qu'un port pour les gros navires, et une bourgade nommée la Basse-Terre.

Son terrain est fertile, tous les fruits des Antilles s'y trouvent en abondance et le tabac qu'elle produit est d'une qualité très supérieure à celui des autres îles. La canne à sucre y vient bien, et le gibier s'y multiplie à foison.

L'histoire de la Tortue est courte, mais tachée de sang à chaque page.

Occupée d'abord par les Espagnols, elle leur fut enlevée par un coup de main, ainsi que nous l'avons raconté dans un précédent ouvrage [1].

Les Frères de la Côte, échappés pour la plupart au massacre de Saint-Cristophe, résolurent de faire de cette île leur quartier général, et se mirent en mesure de s'en assurer la possession. Mais les Espagnols ne devaient pas les laisser jouir paisiblement de leur conquête.

Ils expédièrent une flottille qui surprit les aventuriers, et les chassa après un massacre effroyable; mais ceux-ci revinrent en force quelque temps après, commandés par un certain Willis, aventurier anglais, et s'emparèrent de nouveau de l'île.

Mais les aventuriers français, pour la plupart mécontents d'obéir à un Anglais, demandèrent du secours à Saint-Cristophe à M. de Poincy, gouverneur de cette île, qui leur envoya un officier nommé Levasseur, à la tête d'une nombreuse expédition. Willis se rendit sans coup férir, et les Français demeurèrent maîtres encore une fois de la Tortue.

Levasseur, installé dans son gouvernement, visita l'île en détail, pour étudier les points qui avaient besoin d'être fortifiés.

Il reconnut qu'elle était inaccessible de tous les côtés, excepté de celui du sud, ainsi que nous l'avons dit plus haut.

Il construisit un fort sur une colline éloignée d'environ trois cents mètres

1. Voir les *Aventuriers*.

de la rade qu'il devait commander. Mais comme cette position était elle-même dominée par une roche d'une vingtaine de mètres de hauteur, et dont la plate-forme contenait un espace de vingt-cinq mètres carrés environ, le gouverneur choisit cette plate-forme pour y bâtir son habitation; on arrivait à cette habitation par une quinzaine de marches, taillées dans le roc, et en sus une échelle de fer que l'on retirait après soi.

Cette plate-forme fut armée de quatre pièces de canon, et on ajouta encore à la défense une muraille d'enceinte, capable de résister à tout assaut, car les environs de cette position, si heureusement choisie, étaient entourés de précipices, de bois de haute futaie et de halliers inextricables qui la rendaient inaccessible.

Un sentier, à peine assez large pour trois hommes de front, était le seul abord de cette redoute, qui reçut le nom de *fort de la Roche*.

A peine ces fortifications étaient-elles terminées, que les Espagnols arrivaient au nombre de huit cents pour les détruire; foudroyés par l'artillerie du fort, ils tentèrent un débarquement deux lieues plus bas, à un endroit nommé la Cayonne, mais après avoir perdu deux cents hommes, ils furent contraints de se retirer. Cette victoire enhardit non seulement les aventuriers, mais tourna tellement la tête à leur gouverneur, que celui-ci, oubliant qu'il n'était que le lieutenant de M. de Poincy, voulut se rendre indépendant, si bien que ses administrés, accoutumés à une liberté sans bornes comme sans contrôle, fatigués de sa tyrannie, finirent par l'assassiner.

Sur ces entrefaites le chevalier de Fontenay, expédié de Saint-Cristophe par M. de Poincy, débarqua à la Tortue avec cinq cents hommes, rétablit l'ordre et prit en main le gouvernement de l'île.

Mais le chevalier de Fontenay était avant tout un aventurier; le premier usage qu'il fit de son autorité, fut d'encourager les expéditions flibustières, de telle sorte que l'île se trouvait souvent presque complètement dégarnie de défenseurs.

Les Espagnols, instruits par leurs espions de cette particularité, résolurent de s'emparer, à quelque prix que ce fût, de ce repaire redoutable de pirates; en conséquence, ils armèrent une escadre et parurent à l'improviste devant l'île en ce moment presque déserte.

M. de Fontenay et les quelques aventuriers dont il pouvait disposer se défendirent héroïquement; mais accablés par le nombre, manquant de vivres et de munitions, ils furent enfin contraints de se rendre.

Le général espagnol laissa une garnison de soixante hommes dans l'île, sous le commandement de don Fernando d'Avila, officier brave et expérimenté, et retourna à Saint-Domingue. Voici de quels étranges événements cet îlot perdu avait été le théâtre en quelques années à peine, lorsque M. d'Ogeron, à son retour de France, résolut de l'enlever définitivement à l'Espagne pour en faire, non ce qu'il avait été primitivement, le quartier général des flibustiers, mais la tête de la colonie qu'il prétendait fonder à Saint-Domingue même.

Les Espagnols attachaient un grand prix à la possession de l'île de la

Tortue, ils étaient sur leurs gardes; c'était donc une entreprise fort difficile que de les débusquer de ce poste que, depuis qu'ils en étaient les maîtres, ils avaient rendu presque inexpugnable.

Aussi M. d'Ogeron, malgré son violent désir de risquer l'aventure, craignant surtout un échec, ne voulut-il rien tenter avant que d'avoir fait reconnaître la place par un homme sûr, et à cet effet il avait choisi son neveu sur lequel il savait pouvoir compter.

Le soir même du jour où les flibustiers avaient tenu conseil à l'hôtellerie du *Saumon couronné*, à Port-de-Paix, entre huit heures et huit heures et demie, trois personnes soupaient dans une salle assez vaste et richement meublée du fort de la Roche.

Ces trois personnes étaient doña Juana, cette charmante jeune fille que déjà nous avons entrevue à l'île de Saint-Domingue, sa dueña ña Cigala, et don Fernando d'Avila, gouverneur de l'île de la Tortue.

Don Fernando était un homme de cinquante ans, aux traits caractérisés, à la physionomie énergique, vrai type des soldats de cette époque, qui ne connaissaient d'autre raison que l'épée, et d'autre droit que la force.

Tout en faisant honneur aux mets placés devant lui, il causait avec doña Juana, débarquée le matin seulement dans l'île. La jeune fille paraissait triste et préoccupée; elle ne répondait que par monosyllabes aux bienveillantes interrogations du gouverneur, interrogations que le plus souvent elle n'entendait pas et auxquelles, par conséquent, elle répondait tout de travers.

— Qu'avez-vous donc? chère enfant, demanda enfin don Fernando, surpris d'être ainsi seul à faire les frais de la conversation. Seriez-vous malade? Ce voyage doit vous avoir extraordinairement fatiguée; peut-être avez-vous besoin de repos?

— Nullement, monsieur, répondit-elle avec distraction.

— Il ne faudrait pas vous gêner, niña, reprit-il doucement; vous êtes ici chez vous et maîtresse d'agir à votre guise.

— Vous êtes mille fois bon, monsieur.

— Ainsi il ne vous est rien arrivé d'extraordinaire pendant votre voyage, excepté la rencontre imprévue de ces deux *ladrones*?

— Rien, absolument, monsieur.

— Vous avez été bien effrayée, n'est-ce pas?

— Mais non, je vous assure.

— Heureusement que maintenant vous voilà en sûreté, et que vous n'avez plus rien à redouter des *bribones*.

La jeune fille fronça légèrement les sourcils, mais elle s'abstint de répondre; don Fernando se leva,

— Je suis contraint de vous fausser compagnie, niña, dit-il; excusez-moi. Voici l'heure où je visite mes postes, et jamais je n'y manque.

— Ne vous occupez pas de moi, je vous prie, monsieur, fit-elle. Vous le voyez, ña Cigala s'est endormie; moi-même je vais me retirer dans mon appartement, car je suppose que dans cette forteresse il n'existe aucun jardin où il soit possible de respirer l'air du soir.

— Pardonnez-moi, chère enfant, répondit-il avec un sourire de bonne humeur; j'ai un jardin, fort petit, à la vérité, et qui ne ressemble en rien à vos magnifiques huertas de Santo-Domingo; mais, tel qu'il est, je le mets à votre disposition pour tout le temps qu'il vous plaira, et il vous sera d'autant plus facile de vous y promener, qu'il communique par une porte-fenêtre avec votre oratoire.

— Oh! mais c'est charmant, cela, dit-elle gaiement. Conduisez-moi vite, je vous prie, à ce jardin.

— Alors, veuillez me suivre, niña; nous y serons dans cinq minutes.

La jeune fille se leva vivement et quitta la salle, accompagnée de don Fernando, sans autrement s'inquiéter de la digne ña Cigala, qui s'était bien réellement endormie dans son fauteuil.

Après avoir traversé la cour, illuminée en ce moment par un magnifique clair de lune, don Fernando longea pendant quelques instants les bâtiments d'habitation, poussa une porte fermée seulement au loquet; doña Juana se trouva subitement dans un jardin d'une médiocre étendue, mais fort bien dessiné, et, pour cette raison, paraissant au premier coup d'œil beaucoup plus vaste qu'il ne l'était en réalité. Il y avait de l'ombre et des fleurs; les oiseaux, blottis dans le feuillage, s'échappaient à grand bruit à l'approche des promeneurs. Une haie épaisse de cactus cierges, plantée sur la lèvre même du précipice, servait de clôture, non seulement au jardin, mais encore aux bâtiments de la forteresse.

Cette clôture, toute frêle qu'elle paraissait, était plus que suffisante, le précipice, taillé presque verticalement en cet endroit, ayant plus de quarante mètres de profondeur,

— Voici mon jardin, chère enfant, dit alors don Fernando; usez-en et abusez-en à votre gré, sans craindre d'être troublée, car, excepté vous et votre dueña, nul n'y mettra les pieds sans votre permission.

— Je vous remercie, monsieur; je ne sais véritablement comment reconnaître cette nouvelle amabilité de votre part.

— Ne suis-je pas presque votre père, puisque c'est moi qui ai pris soin de votre enfance?

— Vous avez raison, et je vous aime pour votre inépuisable bonté.

— A mon tour de vous dire merci, nina; mais nous ne sommes, grâce à Dieu, condamnés qu'à demeurer quelques jours ici. J'attends mon successeur d'un moment à l'autre.

— C'est vrai. Nous devons, m'avez-vous dit, nous rendre à Panama, fit-elle avec un léger frémissement dans la voix.

— Je le croyais; mais d'après mes dernières lettres, il paraît que ma destination est changée.

— Ah! et quel est le nouveau poste qu'on vous destine?

— Quant à cela, je l'ignore. Il est probable seulement que nous nous rendrons en terre ferme; d'ailleurs cela ne doit que médiocrement vous intéresser, je suppose.

— En effet; cependant je vous avoue que je n'aurais pas été fâchée de connaître cette nouvelle destination.

— Soyez certaine, ñina, qu'aussitôt que je la connaîtrai moi-même, je m'empresserai de vous instruire.

— Merci.

En ce moment un bas officier entra dans le jardin et s'approcha respectueusement de son chef.

— Que me voulez-vous, cabo Lopez? demanda don Fernando.

— Seigneurie, répondit-il, le courrier de Santiago arrive.

— Si tard! fit le gouverneur avec étonnement.

Le caporal s'inclina sans répondre.

— C'est bien, je vous suis; allez.

Lopez tourna sur lui-même avec une précision automatique et sortit par le jardin.

— Cette porte, continua don Fernando en indiquant du doigt à la jeune fille une large porte-fenêtre, est celle dont je vous ai parlé et qui donne dans votre oratoire. Maintenant je vous laisse; promenez-vous sans crainte dans ce jardin : vous n'avez rien à redouter. Si je ne puis vous revoir ce soir, veuillez agréer, niña, tous mes souhaits pour la première nuit que, depuis bien longtemps, vous passez sous mon toit.

Après avoir ainsi pris congé, don Fernando se retira, et doña Juana demeura seule.

Depuis longtemps déjà, la jeune fille aspirait à jouir d'un instant de liberté; elle éprouvait le besoin de remettre de l'ordre dans ses idées et de causer franchement avec elle-même. Son départ de San-Juan-de-Goava avait été tellement subit, son voyage si rapide, que les quelques jours qui venaient de s'écouler avaient passé pour elle avec la vélocité d'un songe, sans lui laisser le temps nécessaire pour réfléchir à la situation nouvelle que lui faisaient les événements, et aux changements inévitables qui, par la force des circonstances, allaient s'opérer dans son existence jusque-là si calme et si tranquille.

Pour les âmes jeunes et croyantes, la nuit a des charmes indicibles : la pâle lueur qui tombe des étoiles, les reflets argentés de la lune filtrant à travers les branches, la brise nocturne qui passe comme un soupir et fait mystérieusement frissonner les feuilles, les sourds bruissements des infiniment petits accomplissant leur incessant labeur, le susurrement de la source qui fuit à travers les roseaux, tout concourt à enivrer le cœur et porte l'esprit à de douces et mélancoliques rêveries.

Doña Juana, après avoir fait quelques tours à travers les allées ombreuses du jardin, la tête penchée vers la terre, se laissa peu à peu, sans s'en apercevoir elle-même, aller à subir l'influence de la radieuse nature qui l'enveloppait de toutes parts et dont les ravissantes harmonies bruissaient doucement à son oreille; elle s'assit au fond d'un bosquet, et, pendant un laps de temps assez long, elle demeura plongée dans cette espèce d'extase qui n'est ni la veille ni le sommeil, et que notre langue trop pauvre n'a point de mots pour définir.

Non loin de l'endroit qu'elle avait choisi pour se reposer, s'élevait la haie qui servait de clôture au jardin; auprès de cette haie, un éboulement déjà ancien et recouvert d'une herbe haute et drue s'ouvrait comme une gueule béante sur le précipice. Un arbre avait poussé auprès de cet éboulement, qu'il recouvrait et ombrageait de ses puissantes ramures.

Machinalement, les regards de la jeune fille se tournaient vers cet endroit sur lequel ils se fixaient parfois avec une ténacité indépendante de sa volonté et dont elle n'essayait même pas de se rendre compte.

Tout à coup il lui sembla voir comme une ombre surgir lentement de ce trou et deux yeux briller dans les ténèbres comme deux charbons incandescents.

Doña Juana frissonna intérieurement à cette effrayante apparition, et elle se blottit silencieuse et craintive au fond du bosquet.

Après deux ou trois minutes qui semblèrent durer un siècle à la jeune fille épouvantée, cette ombre grandit peu à peu et prit toutes les proportions d'un homme, proportions qui paraissaient gigantesques aux reflets trompeurs de la lune.

Autant que la distance assez éloignée où se trouvait doña Juana lui permit d'en juger, cet homme ne devait pas être un Espagnol. Son costume se rapprochait plutôt de celui des boucaniers.

Quel qu'il fût, cet individu explora les environs d'un regard perçant qui semblait vouloir pénétrer les ténèbres; puis, rassuré sans doute par le silence profond qui l'entourait et la solitude environnante, il s'agenouilla sur le bord de l'éboulement; et, entourant le tronc de l'arbre d'un bras, sans doute afin de se retenir, il se pencha sur le trou; presque aussitôt il se redressa, amenant après son bras tendu en avant un autre homme qui, s'aidant des pieds et des mains, sauta légèrement sur le sol du jardin.

— Tu n'as vu personne? dit à voix basse et en français le second au premier.

— Personne.

— Tu n'as rien entendu?

— Rien.

— Allons, c'est bien joué; il s'agit maintenant de savoir où nous sommes ici.

— Quant à cela, je l'ignore.

— Pardieu, moi aussi; hale les armes d'abord. En cas d'alerte, je ne serais pas fâché d'avoir de quoi me défendre.

Sans répondre, son compagnon s'agenouilla sur le bord du trou, et, en quelques instants, il hissa deux fusils solidement attachés au bout d'une corde.

— Voilà, dit-il.

— Bon. Maintenant il s'agit de s'orienter, ce qui ne sera pas difficile, car il fait clair comme en plein jour; moi à droite et toi à gauche nous allons former un cercle dont ce trou sera le centre; surtout, l'œil et l'oreille au guet. Il s'agit de ne point donner l'éveil et de ne pas nous faire surprendre comme des imbéciles.

Son compagnon fit un geste d'assentiment; ils se tournèrent le dos et se mirent immédiatement en mesure d'exécuter leur projet.

Après avoir tiré les pirogues sur le sable, ceux qui les montaient se dirigèrent isolément vers la grotte.

Dans le brusque mouvement qu'ils firent en se retournant, les rayons de la lune frappèrent en plein sur leurs visages demeurés jusque-là dans l'ombre.

— Philippe! s'écria d'une voix étouffée la jeune fille, en reconnaissant celui qu'elle aimait dans l'un des deux hommes qui s'étaient d'une si singulière façon introduits dans le jardin.

LIV. 124. F. ROY, édit. — Reproduction interdite. BOHÈMES DE LA MER. 12

XII

C'étaient en effet Philippe et Pitrians qui venaient si à l'improviste de s'introduire dans le jardin réservé du gouverneur de la Tortue.

Au cri poussé par la jeune femme le flibustier avait tressailli.

— On a parlé, dit-il.

Et après avoir jeté un regard anxieux autour de lui, il marcha résolument vers le bosquet.

— Me voilà, Philippe, dit la jeune femme en s'avançant vers lui.

— Vous! vous! Juana, s'écria-t-il avec joie, oh! c'est Dieu qui vous a conduite ici.

— Ne saviez-vous donc pas m'y trouver? répondit-elle.

— Je n'osais l'espérer.

Soudain il s'interrompit; après avoir fait le tour du jardin, ce qui n'avait pas été long, Pitrians revenait vers le bosquet; Philippe s'élança à sa rencontre.

— Ami, lui dit-il, j'ai par un bonheur inouï rencontré la personne que seule je voulais voir en m'aventurant ici; fais le guet tandis que nous échangerons quelques mots et que j'obtiendrai les renseignements nécessaires à la réussite de nos projets.

Pitrians sourit.

— C'est convenu, répondit-il, seulement ne vous oubliez pas trop longtemps à causer ensemble, notre position n'est nullement agréable, il est inutile que nous nous fassions bêtement égorger dans ce traquenard.

— Sois tranquille, je ne te demande que dix minutes.

— Je vous accorde un quart d'heure, répondit majestueusement Pitrians, et il alla s'embusquer derrière un énorme tronc d'arbre.

Philippe revint en toute hâte vers Juana qui attendait avec anxiété le résultat de son entretien avec son compagnon.

— Tout va bien, dit-il, nous pouvons causer en sûreté, un ami veille sur nous. Que soit loué Dieu, ma chère Juana, qui dans son inépuisable bonté consent à nous réunir!

— Pour quelques minutes seulement, murmura-t-elle avec tristesse.

— Qu'importe l'avenir, ma bien-aimée; profitons du présent pour parler de notre amour; quand êtes-vous arrivée ici?

— Ce matin même.

— Pensez-vous y demeurer longtemps?

— Je l'ignore, don Fernando est impénétrable, cependant j'ai cru deviner que mon séjour serait court.

— Et savez-vous en quel lieu vous devez vous rendre?

— Pas positivement, on m'a parlé de Panama et de Maracaïbo; il est vra

que ces deux endroits me sont aussi inconnus l'un que l'autre, et que peu
m'importe celui où l'on me conduira pourvu que j'aie l'espoir de vous y
revoir.

— Je vous en ai fait le serment, Juana, et ce serment je l'accomplirai, quoi
qu'il arrive.

— Oui, oui, vous m'aimez, Philippe, je compte sur votre parole, et pourtant j'ai peur.

— Peur de quoi, mon amie?

— De tout; nos deux nations ne sont-elles pas ennemies implacables, n'êtes-
vous pas considérés par mes compatriotes comme des brigands, des bêtes
féroces auxquels tout honnête homme a le droit de courir sus?

— Que nous importe cela, ma bien-aimée? Ignorez-vous donc de quelle
façon, lorsque nous sommes traqués de trop près, nous nous retournons
contre le chasseur et lui faisons tête?

— Je sais cela, mon ami, et c'est une raison de plus pour moi de trembler ;
et puis, ajouta-t-elle d'une voix plus basse et avec hésitation, ce n'est
pas tout.

— Hum! qu'y a-t-il donc encore, mon amie? parlez sans crainte.

Elle se tut en baissant la tête avec tristesse.

— Serait-ce plus grave que je ne le suppose? s'écria-t-il en saisissant la
main de la jeune fille et la pressant doucement entre les siennes; parlez, au
nom du Ciel, Juana, je vous en supplie, ne me laissez pas plus longtemps
dans cette inquiétude mortelle.

— A quoi bon, répondit-elle doucement, vous dire cela à vous, mon ami?

— Comment, à moi! s'écria-t-il, c'est donc moi personnellement qui suis en
cause? Oh! parlez, parlez ! je vous en conjure.

— Hélas! ne sommes-nous pas tous deux en cause, murmura-t-elle, puisque
c'est de notre amour qu'il s'agit?

— Notre amour, fit-il avec stupeur, est-il donc menacé ?

— Je ne sais, mon ami, je suis folle peut-être, probablement je m'inquiète
à tort, mais je vous le répète, j'ai peur.

— Pourquoi, s'il en est ainsi, vous obstiner à garder un silence qui
me tue?

— Vous avez raison, mon ami, mieux vaut que je vous dise tout.

— Oh! parlez! parlez, je vous écoute.

Tout à coup un nouveau personnage se dressa entre les deux interlocuteurs.

— C'est moi qui parlerai, dit-il froidement.

Les jeunes gens reculèrent avec un geste d'effroi.

— Eh quoi, je vous effraye! reprit-il avec ironie; sur mon âme, ce n'est
cependant pas ma pensée.

— Vive Dieu ! s'écria Philippe, déjà remis de la passagère émotion qu'il
avait éprouvée, homme ou démon, je saurai qui tu es.

— Pardieu! je ne me cache pas, mon maître, vous pouvez me regarder
à loisir, fit-il en se plaçant en pleine lumière.

— Le chevalier de Grammont ! s'écria Philippe avec surprise.

— Lui-même, répondit le chevalier en s'inclinant avec un sourire railleur.

— Que faites-vous ici, monsieur? demanda-t-il avec violence.

— Et vous-même, mon maître? fit le capitaine. Cornebœuf! vous vous acquittez d'une étrange façon de la mission que vous a confiée le conseil !

Doña Juana, à demi évanouie, se cramponnait après la haie du bosquet pour ne pas rouler sur le sol.

— Ce n'est point de cette mission qu'il s'agit, monsieur, répondit rudement le jeune homme.

— Et de quoi donc s'agit-il, s'il vous plaît? reprit le chevalier toujours railleur.

— Je veux savoir, monsieur, de quel droit vous vous êtes introduit ici à ma suite.

— Et s'il ne me plaît pas de vous répondre? dit-il avec hauteur.

— Je saurai vous y contraindre, fit-il en saisissant un pistolet à sa ceinture.

— En m'assassinant alors, car je ne me battrai pas avec vous, en ce moment du moins; avez-vous oublié que nos lois défendent le duel entre associés pendant le cours d'une expédition?

Philippe frappa du pied avec rage et repoussa son pistolet dans sa ceinture.

— Mais, continua Grammont, je veux être bon prince : donc, je vous répondrai, et je vous répondrai franchement, je vous jure; d'ailleurs, vous allez en juger. Lorsque vous avez eu quitté le conseil pour vous mettre en mesure d'accomplir votre mission, j'ai demandé à vous être adjoint en faisant observer à nos frères que vous pouviez être tué par les Gavachos, et que si ce malheur arrivait, il était bon que quelqu'un fût là tout prêt à vous remplacer et à accomplir la tâche confiée à votre honneur, et dont votre mort vous empêcherait de vous acquitter. Les chefs m'approuvèrent, et séance tenante, m'accordèrent la demande que je leur adressais : voilà pourquoi je suis ici, monsieur; mais ce n'est point cela que vous désirez savoir, n'est-ce pas? Vous voulez connaître le motif qui m'a engagé à réclamer cette mission, eh bien! soyez satisfait, monsieur, ce motif je vais vous le dire.

— J'attends que vous vous expliquiez, dit Philippe avec une colère contenue.

— Un peu de patience, monsieur, m'y voilà; j'ai une grande qualité ou un grand défaut, monsieur, comme il vous plaira d'en juger, c'est une franchise rare. Ainsi, me doutant à peu près de ce qui allait se passer entre vous et cette jeune dame, je me suis hâté de me mettre en tiers dans votre conversation afin de lui enlever l'embarras d'une explication qui, du reste, paraît considérablement lui répugner.

— Trêve, s'il vous plaît, de tergiversations et venons au fait, si cela est possible, monsieur.

— Quoi que vous avanciez, monsieur, dit alors doña Juana avec une animation fébrile, vos attaques et vos calomnies ne sauraient m'atteindre, parlez donc.

— Je n'attaquerai ni ne calomnierai, madame, répondit-il en s'inclinant respectueusement devant la jeune femme, ce sont des armes de lâche, et j'ignore comment on s'en sert; je serai vrai et ne parlerai que de moi.

— Soyez bref, monsieur, le lieu où nous sommes est mal choisi pour une longue discussion, dit Philippe.

— Nous sommes en sûreté, n'avez-vous pas placé votre ex-engagé Pitrians en vedette? il ne nous laissera pas surprendre : d'ailleurs, je n'ai que quelques paroles à vous dire.

Le jeune homme bouillait littéralement d'impatience ; cependant il se contint; il comprenait quelles conséquences terribles pourrait avoir un éclat, non pour lui, peu lui importait personnellement, mais pour doña Juana qu'il aimait, et qui, émue et tremblante, assistait à cet étrange entretien.

— Monsieur, reprit le chevalier de Grammont avec cette exquise politesse qui le caractérisait et qu'il savait si bien employer, lorsqu'il lui plaisait de se souvenir de quelle race de preux il descendait, laissez-moi convenir tout d'abord avec vous qu'il y a dans tout ce qui nous arrive une étrange fatalité.

— Je ne vous comprends pas, monsieur : que pouvons-nous avoir de commun l'un avec l'autre?

— Je m'explique. Vous aimez madame ; tout me porte à croire, d'après ce que j'ai entendu, que cet amour est partagé.

— Oui, monsieur, répondit vivement doña Juana avec cette bravoure que possèdent à un si haut point les femmes dans les situations extrêmes ; oui, monsieur, nous nous aimons ; nous sommes fiancés même, et jamais, je vous le jure, ma main n'appartiendra à un autre que don Philippe.

— Chère Juana! dit le jeune homme en lui baisant ardemment la main.

— Eh bien! reprit froidement le chevalier sans paraître autrement étonné de cet aveu, voilà justement où est la fatalité dont je vous parlais tout à l'heure : car moi aussi j'aime madame.

— Vous! s'écrièrent-ils avec une surprise mêlée d'épouvante.

— Hélas! oui, répondit-il avec un respectueux salut adressé à la jeune fille.

Philippe fit un pas vers le chevalier ; celui-ci l'arrêta d'un geste.

— Vous êtes belle, madame; moi je suis homme : votre beauté m'a séduit, et je me suis, malgré moi, laissé entraîner à la passion qui, à votre vue, avait envahi tout mon être. Avez-vous, pour cela, le droit de m'adresser un reproche? Non, madame, l'amour et la haine sont deux sentiments indépendants de la volonté qui, malgré lui, s'emparent du cœur de l'homme et y règnent en maîtres; on ne peut les discuter, on est contraint de les subir. Le premier jour que je vous vis, je vous aimai ; votre regard, en tombant sur moi par hasard, me rendit votre esclave. Vous voyez que je suis franc, madame. Vainement j'essayai de parvenir jusqu'à vous et de vous avouer cet amour qui brûlait mon cœur, toutes mes tentatives furent inutiles : instinctivement vous me fuyiez, vous aviez deviné mes sentiments sans doute, et comme vous ne m'aimiez pas, vous me haïssiez.

— Mais, monsieur! s'écria Philippe avec violence.

— Laissez s'expliquer monsieur, cher Philippe, dit la jeune femme avec noblesse, mieux vaut qu'il en soit ainsi, et que nous sachions une fois pour toutes à quoi nous en tenir avec lui.

— Puisque vous l'exigez... murmura-t-il les dents serrées par la colère.

— Je vous en prie.

— Finissons-en donc, monsieur.

— J'ai l'honneur de vous faire observer, monsieur, répondit en s'inclinant le chevalier, que c'est vous qui m'avez interrompu.

Le jeune homme frappa du pied et lança un regard terrible au chevalier, mais il garda le silence.

— Donc, reprit paisiblement celui-ci, je devinai que j'avais un rival, et que ce rival était aimé ; cette découverte, si désagréable qu'elle fût pour moi, ne me toucha cependant que médiocrement, par la raison toute simple que, dès le premier instant où je vous avais vue, je m'étais juré à moi-même que vous seriez à moi.

— Hein ? s'écria furieusement le jeune homme.

— J'ai l'habitude, reprit froidement le chevalier, de toujours tenir les serments que je fais : c'est vous dire que je tenterai tout au monde pour ne pas me manquer de parole.

— Ah ! pardieu ! monsieur, s'écria le jeune homme au comble de l'exaspération, ceci est d'une outrecuidance telle, que...

— Pardon ! laissez-moi achever, interrompit-t-il toujours implacable et froid, je n'ai que quelques mots à ajouter ; nous sommes gentilshommes tous deux, monsieur, de bonne race, c'est assez dire qu'entre nous la guerre sera loyale, la lutte courtoise, ce sera, fit-il avec un sourire railleur, un tournoi, pas autre chose.

— Mais vous oubliez une chose, monsieur, dit doña Juana avec hauteur, une chose assez importante, cependant, il me semble.

— Laquelle donc, madame ? répondit-il.

— C'est que je ne vous aime pas, et que je ne vous aimerai jamais, reprit elle avec un écrasant dédain.

— Oh ! fit-il avec une adorable fatuité, qui peut répondre de l'avenir ? à peine est-il permis de compter sur le présent.

— Vous savez que je vous tuerai, monsieur, dit le jeune homme, les poings crispés et les dents serrées.

— Je sais du moins que vous essayerez ; eh ! mon Dieu, vous devriez me remercier au lieu de tant me haïr. Cette lutte qui s'engage entre nous va jeter un charme infini sur votre existence : rien n'est maussade comme les amours qui ne sont pas contrariées.

— Allons, vous êtes fou, chevalier ; tout ce que vous nous avez dit là n'est pas sérieux, dit Philippe complètement mis hors des gonds par l'étrange profession de foi du jeune homme, et ne pouvant admettre qu'il fût possible que tout cela fût réel.

— Je suis fou de madame, oui, c'est vrai. Quant à ce que je vous ai dit, croyez-en ce que vous voudrez : je vous ai averti, c'est à vous maintenant à vous tenir sur vos gardes.

— Alors, retenez bien ceci, monsieur, dit froidement doña Juana, si jamais la fatalité me fait tomber entre vos mains, je me tuerai plutôt que de faillir au serment que moi aussi j'ai fait à mon fiancé.

Le chevalier s'inclina sans répondre à doña Juana, et se tournant vers Philippe :

— Il est bien convenu, n'est-ce pas, lui dit-il, que nous nous couperons la gorge à la première occasion?

— Oh! certes.

— Alors, il est inutile de revenir sur ce sujet, je crois qu'il serait temps de nous occuper un peu des affaires qui nous conduisent ici. Venez-vous avec moi à la découverte, ou préférez-vous demeurer quelques instants encore à causer avec madame? Vous voyez que je suis de bonne composition.

— Don Philippe et moi, monsieur, interrompit doña Juana, nous sommes sûrs l'un de l'autre et n'avons pas besoin de longues conversations pour savoir que, quoi qu'il arrive, nous nous aimerons toujours. Je vous laisse le champ libre, messieurs; il se fait tard, et je rentre dans mes appartements.

Le jeune homme s'approcha vivement de sa fiancée.

— Courage, Juana, lui dit-il, je vous vengerai de cet homme.

— Non, répondit-elle à demi-voix avec un étrange sourire, laissez-moi ce soin, Philippe; les femmes sont plus expertes que les hommes en vengeance, surveillez-le seulement.

— Mais...

— Je vous en prie! maintenant, adieu.

Elle sortit du bosquet.

Au même instant, Pitrians parut.

— Alerte! dit-il, voilà le gouverneur.

Les trois hommes se jetèrent au milieu des buissons, où ils disparurent au moment où don Fernando entrait dans le jardin et s'avançait à grands pas vers doña Juana qui s'empressait d'aller à sa rencontre.

XIII

DON FERNANDO D'AVILA

Don Fernando d'Avila paraissait préoccupé, son front était pâle, ses sourcils froncés, il marchait avec précipitation en jetant autour de lui des regards inquiets, il tenait à la main des papiers qu'il froissait avec impatience.

— Ah! vous voilà, s'écria-t-il, dès qu'il aperçut doña Juana, qui, ainsi que nous l'avons dit, venait à sa rencontre, tant mieux, je suis heureux de vous trouver ici, je craignais que vous ne fussiez rentrée dans vos appartements.

— C'est ce que je me préparais à faire en ce moment même; il est tard, je ne me suis que trop longtemps oubliée dans ma promenade.

— La nuit est radieuse, le ciel diamanté d'étoiles, consentez, je vous prie, à m'accorder quelques minutes.

— Je me tiens à vos ordres pour tout le temps que vous désirerez.

— Pardonnez-moi, niña, il est tard, l'heure peut paraître assez peu convenable, il est vrai, mais le courrier est arrivé il y a un instant, et j'ai d'importantes communications à vous faire.

— A moi, monsieur? dit-elle, avec surprise.

— Oui, si toutefois vous daignez consentir à m'entendre.

— Ne vous ai-je pas répondu déjà que j'étais à vos ordres?

— Merci de votre complaisance; je profite donc sans plus de retard de la permission que vous me donnez.

Nous avons dit que la nuit calme et tiède, splendidement éclairée par les rayons argentés de la lune, était magnifique; en pénétrant dans l'appartement à la suite de la jeune fille, don Fernando avait laissé entr'ouverte la porte-fenêtre donnant sur le jardin, soit pour laisser entrer les fraîches émanations de la brise nocturne, soit que malgré sa qualité de tuteur il craignît d'effaroucher la pudeur un peu sauvage de la jeune fille, pour laquelle, hâtons-nous de le constater, il professait une amitié sincère jointe à un respect profond.

Tous deux s'étaient assis sur des butaccas tout auprès de la porte.

Cependant les aventuriers, demeurés seuls au fond du bosquet, avaient entre eux une explication rapide.

— Ainsi nous sommes ennemis, dit Philippe, avec hauteur.

— Ennemis, peut-être, répondit sèchement Grammont, rivaux certainement.

— Soit, monsieur, mais cette rivalité ne doit en aucun cas nous empêcher de remplir nos devoirs envers nos compagnons.

— C'est mon avis.

— Heureux, monsieur, de me rencontrer ainsi avec vous : donc, que comptez-vous faire?

— En ce moment?

— Oui.

— Dame! il me semble que le hasard nous protège singulièrement et nous offre une occasion unique de connaître les secrets de nos ennemis.

— Notre reconnaissance n'est point terminée encore, un trop long séjour dans le lieu où nous sommes pourrait non seulement nous perdre, ce qui ne serait rien, mais faire avorter les plans de nos frères.

— Vous avez raison, mais il est, il me semble, un moyen très facile de tout concilier.

— Et ce moyen, quel est-il, s'il vous plaît? je serais heureux de profiter de vos lumières.

— Ce moyen, le voici : tandis que l'un de nous demeurera ici et essayera de surprendre quelques bribes de la conversation du gouverneur avec sa pupille, l'autre ira à la découverte; quant à Pitrians, il restera auprès de la brèche qui nous a livré passage afin, en cas de besoin, d'assurer notre retraite.

Il s'agenouilla sur le bord du trou et en quelques instants il hissa deux fusils attachés au bout d'une corde.

— Hum! murmura Philippe, en jetant un regard voilé au chevalier, ce moyen est assez bon, en effet, mais qui de nous deux restera dans le jardin ?

— Vous, si vous voulez, répondit nettement Grammont, il ne s'agit plus d'amour en ce moment, mais bien de politique.

— C'est vrai, ainsi...

— Je pars, et il fit un mouvement pour s'éloigner.

Liv. 125.

— Un instant, s'il vous plait, monsieur, dit Philippe en le retenant, je consens à ce que vous me proposez, mais à une condition cependant.

— Laquelle?

— C'est que j'attendrai votre retour, afin de vous venir en aide en cas de besoin.

— Bah! à quoi bon? puisque nous ne sommes plus amis.

— En effet, mais nous sommes toujours frères.

— Vous avez raison, monsieur, j'accepte donc, et après s'être cérémonieusement incliné devant son rival, le chevalier s'éloigna en se glissant comme un spectre à travers les fourrés et les taillis.

Philippe resté seul demeura un instant immobile et pensif, puis il releva la tête, jeta un regard soupçonneux autour de lui, et se confondant autant que possible avec l'ombre projetée par les ramures feuillues des arbres, il s'approcha à pas de loup de la porte-fenêtre, et se blottit dans un fourré de lentisques placé à quelques pas à peine de la maison et où il était à peu près impossible de le découvrir.

L'endroit était parfaitement choisi; comme les deux interlocuteurs n'avaient aucun motif pour modérer le ton de leur conversation, leurs paroles parvenaient claires et parfaitement accentuées à l'oreille de l'aventurier qui se prépara à écouter tout en murmurant intérieurement :

— Peut-être pourrai-je la voir et lui parler encore.

La discussion entre les deux aventuriers, les mesures convenues entre eux avaient exigé un temps assez long, de sorte que, lorsque Philippe fut en mesure d'écouter ce que disaient don Fernando et doña Juana, leur entretien lui parut être sur le point de finir.

La jeune fille parlait :

— Et ces nouvelles sont certaines, monsieur? disait-elle.

— Officielles, répondit le gouverneur, l'homme qui nous les a données est sûr; d'ailleurs c'est le gouverneur même de Saint-Domingue qui me les fait parvenir.

— Et vous m'ordonnez de vous quitter, lorsqu'un grand danger vous menace peut-être.

— D'abord, ma chère enfant, répondit affectueusement don Fernando, je ne vous donne aucun ordre, je vous communique celui que j'ai reçu, ce qui est bien différent; et vous le savez, vous et moi devons obéir à cette personne, puisque c'est elle qui, tout enfant, vous a confiée à moi.

— Mais cette personne, quelle est-elle?

— Pourquoi m'adresser sans cesse cette même question, chère enfant, puisque vous savez que je ne puis y répondre?

La jeune fille courba tristement la tête.

Don Fernando lui prit la main qu'il serra doucement.

— Courage, pauvre niña, lui dit-il, avec une tendresse paternelle, un jour, je l'espère, un jour prochain peut-être, ce secret qui pèse si horriblement sur votre cœur s'éclaircira, l'avenir ne vous appartient-il pas, à vous qui êtes encore presque une enfant?

— Vous êtes bon, monsieur, ces douces paroles que vous me dites, hélas! je le sens, vous n'y croyez pas vous-même.

— Ne vous laissez pas abattre ainsi, ma chère Juana, reprit-il, cherchant à distraire la jeune fille de ses tristes pensées, ne suis-je donc pas votre ami, moi?

— Oh! si, fit-elle avec émotion, si, vous êtes mon ami, presque mon père, et je vous aime pour tous les soins dont vous avez entouré mon enfance, voilà pourquoi je tremble de vous quitter ainsi.

— Le danger n'est pas aussi grand que vous le supposez : demain je dois recevoir un renfort de cent cinquante hommes qui, joints à ceux de ma garnison actuelle, me formeront un effectif de cent dix soldats résolus et expérimentés ; de plus l'île est bien fortifiée et bien avitaillée. Soyez donc tranquille sur notre compte, ajouta-t-il en riant, si diables que soient les *ladrones*, ils n'y sauraient mordre et, cette fois encore, ils s'en retourneront avec leur courte honte.

La jeune fille jeta un regard furtif vers le jardin en étouffant un soupir.

— Ainsi, reprit-elle, à peine arrivée ici, je pars et je pars seule!

— Non pas seule, puisque votre dueña vous accompagne.

— Mais vous?

— Moi, je vous rejoindrai.

— Quand cela, mon ami?

— Plus tôt que vous ne pensez peut-être.

— Le Ciel vous entende!

Don Fernando se leva.

— Ainsi, voilà qui est bien convenu, dit-il, demain au point du jour vous serez prête, la goélette la *Madre-de-Dios*, sur laquelle vous êtes venue ici, est encore mouillée dans le port. C'est à son bord que vous vous embarquerez.

— Mais, pardonnez-moi cette dernière question, vous ne m'avez pas dit où je dois me rendre.

— L'ignorez-vous donc?

— Complètement; vous m'avez parlé il y a quelque temps d'un poste fort avantageux qui vous était offert à Panama, est-ce donc là que nous nous rendrons?

— Non ; mon protecteur, dans son inépuisable bonté, m'a fait obtenir un poste plus honorable et surtout plus lucratif que celui que précédemment il m'avait promis.

— Lequel donc?

— Celui de gouverneur de Gibraltar, dans le golfe de Maracaïbo.

— Et vous avez reçu votre nomination?

— Vous êtes une curieuse, niña, fit-il en souriant.

— Répondez-moi, je vous en prie.

— Eh bien! soyez satisfaite, cette nomination est arrivée ce soir même, il n'y a qu'un instant.

— Mais alors rien ne vous retient plus ici?

— Pardonnez-moi, répondit-il avec embarras, je dois transmettre mes pouvoirs à mon successeur et attendre son débarquement dans l'île.

— Puisqu'il arrive demain.

— Qui vous l'a dit, niña?

— Mais vous, tout à l'heure.

— Allons, je vois qu'il est impossible de rien vous cacher.

— Ainsi... fit-elle en souriant.

— Je voulais vous surprendre, mais vous savez si bien m'arracher mes secrets du cœur, qu'il n'y a pas moyen de vous résister, j'aime mieux tout vous dire tout de suite.

— Oui, dites, dites.

— La *Madre-de-Dios*, au lieu de deux passagers, en emmènera trois, je pars avec vous.

— Dieu soit béni! s'écria-t-elle avec joie.

— Et maintenant qu'il ne me reste plus rien à vous apprendre, niña, excusez-moi de vous avoir tenu si longtemps éveillée : il est plus de onze heures du soir, je me retire. Que la Vierge et les anges veillent sur votre sommeil, chère enfant ; bonsoir ; surtout, fermez bien cette fenêtre ; allons, à demain.

Il sortit ; la jeune fille l'accompagna jusque dans le jardin,

— Ainsi, dit-elle à haute voix, dans le but sans doute d'être entendue par Philippe, si par hasard il était encore là, c'est bien à Maracaïbo que nous nous rendons?

— Oui, niña, à Maracaïbo et non à Panama ; mais rentrez, ne demeurez pas plus longtemps dehors, les soirées sont mortelles, vous le savez.

— Je rentre, mon ami.

— Je ne partirai que lorsque je vous aurai vue fermer votre fenêtre.

— C'est ce que je vais faire à l'instant.

— A propos, si vous entendez cette nuit du bruit dans le jardin, ne vous inquiétez pas, j'ai coutume de faire plusieurs rondes. Allons, rentrez, et bonsoir.

— Bonsoir.

La jeune fille poussa les deux battants de la porte et s'enferma à triple verrou. Don Fernando s'enveloppa alors dans son manteau et sortit du jardin, dont il ne ferma que négligemment la grille derrière lui, jugeant inutile de prendre plus de précaution, puisqu'il devait revenir bientôt faire sa ronde habituelle.

Du reste, ce n'était pas de ce côté qu'il redoutait une surprise.

Une demi-heure se passa ; Philippe attendait avec anxiété que la porte de doña Juana se rouvrît ; mais son attente fut trompée, rien ne bougea, la porte demeura close, et bientôt la lumière s'éteignit.

La jeune fille croyait l'aventurier parti depuis longtemps déjà.

Philippe poussa un soupir de résignation et regagna le bosquet, où il retrouva Pitrians faisant bonne garde, mais commençant à s'inquiéter sérieusement d'un séjour aussi prolongé au milieu de la forteresse ennemie ; en effet, une imprudence, un hasard quelconque, suffisaient pour faire découvrir les trois aventuriers ; et, découverts, ils étaient perdus.

Ainsi qu'il l'avait promis au chevalier, Philippe resta dans le bosquet, ne voulant pas s'éloigner avant son retour.

Doña Juana, à demi évanouie, se cramponnait après la haie du bosquet, pour ne pas rouler sur le sol.

— Maracaïbo, murmura-t-il, Gibraltar; ce n'est pas la première fois que ces deux noms résonnent à mon oreille. Oh ! ma bien-aimée Juana, dût ma vie en dépendre, bientôt je t'aurai rejointe.

Et de même que les amoureux de tous les temps, oubliant la situation passablement critique dans laquelle il se trouvait, le jeune homme appuya son épaule contre un arbre, croisa les bras, pencha la tête sur la poitrine et se plongea dans une de ces délicieuses rêveries d'amour devant lesquelles pâlissent toutes les froides réalités de la vie.

Qui sait combien de temps se serait prolongé cet état extatique, si tout à coup il n'avait été brutalement rappelé du ciel sur la terre par une sensation désagréable qui n'était autre chose qu'une main s'appesantissant lourdement sur son épaule, tandis qu'une voix goguenarde disait railleusement à son oreille :

— Ah çà! est-ce que vous dormez, compagnon ?

Philippe tressaillit aux accents de cette voix bien connue, et relevant vivement la tête :

— Non, dit-il, je rêve.

— Bon, alors : si délicieux que soit ce rêve, interrompez-le ; il faut partir.

— Partons, je le veux bien.

— Vous ne me demandez pas ce que j'ai fait et d'où je viens ?

— Que m'importe ?

— Comment, que vous importe ! s'écria le chevalier avec surprise ; devenez-vous fou ?

— Non ; pardon, répondit-il avec embarras, je ne sais ce que je disais, cela m'importe beaucoup au contraire.

— A la bonne heure, donc, vous voilà tout à fait éveillé.

— Oh ! parfaitement, je vous jure, et la preuve, c'est que je suis curieux d'apprendre ce que vous avez découvert.

— Ma foi, je vous avoue à ma honte que je n'ai rien découvert du tout, si ce n'est que l'île est très bien fortifiée et que la garnison est sur ses gardes; il y a des sentinelles partout.

— Diable ! dit le jeune homme, voilà une fâcheuse nouvelle que vous me donnez là.

— Je le sais bien ; mais qu'y faire ?

— Et vous n'avez découvert aucun endroit faible?

— Aucun.

— Diable ! diable !

— Et vous, qu'avez-vous surpris ?

— Rien ; il m'a été impossible d'approcher assez pour entendre un mot de ce qui se disait.

— Ainsi nous avons fait buisson creux?

— Oui, et je crois que nous ferons bien de déguerpir au plus vite.

— C'est aussi mon avis.

— Partons donc, alors.

— Partons.

Ils se rapprochèrent de la brèche, par laquelle ils passèrent l'un après l'autre ; Pitrians fermait la marche.

La descente était d'autant moins facile qu'elle était presque à pic, et qu'à chaque pas les aventuriers risquaient de se rompre le cou ; il arriva même un moment où ils se trouvèrent en quelque sorte suspendus entre le ciel et la terre, sans pouvoir ni remonter, ni descendre.

Cependant, après des recherches qui ne durèrent pas moins de vingt minutes, ils parvinrent à retrouver l'espèce de sente par laquelle ils s'étaient, à leur arrivée, hissés jusque sur la plate-forme du rocher.

La descente continua; il leur fallut près d'une heure pour atteindre la plaine. Après avoir repris haleine pendant deux ou trois minutes, ils se glissèrent dans les hautes herbes et arrivèrent enfin au bord de la mer, c'est-à-dire au pied des rochers qui, de ce côté, formaient comme une infranchissable muraille autour de l'île.

Les aventuriers recommencèrent donc à gravir ces rochers. Parvenus au quart de leur hauteur, à peu près, une espèce de fissure se présenta devant eux, fissure à peine assez large pour livrer passage à un homme.

Arrivé là, Philippe s'arrêta.

— Un mot, chevalier, dit-il.

— Parlez, répondit celui-ci.

— Vous savez où est la pirogue?

— Je le sais.

— Reconnaîtrez-vous l'endroit où nous sommes?

— Je le reconnaîtrai.

— Vous allez partir.

— Seul?

— Seul.

— Et vous?

— Je reste ainsi que Pitrians. Vous rendrez compte de notre expédition au conseil; dans quarante-huit heures, pas avant; vous me comprenez bien, n'est-ce pas? Nos frères s'embarqueront, et vous les conduirez ici.

— Je les conduirai.

— Vous n'aborderez que lorsque vous aurez vu brûler deux amorces sur la plage.

— Bon; après?

— J'aurai, aidé par Pitrians, tracé un chemin assez large pour livrer passage à nos frères.

— Mais si l'on vous découvre et qu'on vous tue?

— Alors, à la grâce de Dieu! répondit-il simplement.

— Monsieur, dit le chevalier en lui tendant la main, il sera fait ainsi que vous le désirez; je regrette la rivalité qui nous sépare; mais si je ne puis vous aimer, je vous admire.

— Adieu, et dans quarante-huit heures.

— Dans quarante-huit heures, répondit le chevalier, et il disparut.

— De cette façon, quoi qu'il arrive, murmura Philippe, je suis certain que ma bien-aimée Juana sera partie, et par conséquent hors de danger.

Pitrans, dont Philippe avait si légèrement disposé, sans même lui demander son consentement, ne paraissait nullement étonné de cette façon d'agir de son ancien maître.

— Qu'allons-nous faire à présent? lui demanda-t-il.

— Dormir, répondit Philippe en s'accommodant du mieux qu'il lui fut possible au milieu des rochers.

— Bon, ce sera toujours cela de gagné, dit insoucieusement Pitrians en se couchant auprès de lui.

Cinq minutes plus tard, tous deux étaient plongés dans un profond sommeil.

XIV

SANTO-DOMINGO

Il nous faut maintenant, avant que d'aller plus loin, expliquer au lecteur quel était le mode de gouvernement adopté par les Espagnols en Amérique, et le système suivi par eux dans leurs colonies depuis la conquête.

En vertu de la donation du pape, les possessions américaines étaient propriétés de la couronne; donc le pays appartenait au roi, et les terres occupées, soit par les Espagnols, soit par les indigènes, étaient réputées concessions royales.

Le roi ne reconnaissait aucun droit de corporation, aucun privilège; il ne levait pas d'impôt sur le sol, mais percevait des droits, des tributs, des redevances.

Il gouvernait par un délégué ayant titre de vice-roi, de sorte que tous les fonctionnaires étaient ses gens.

Le vice-roi était à la tête de toute l'administration du pays, commandait l'armée, décidait de toutes les questions militaires en conseil de guerre, présidait le Conseil, et nommait aux emplois vacants, sous réserve de la sanction royale.

Un tribunal suprême, nommé *Audiencia*, servait de contrepoids à ce grand fonctionnaire. Cour d'appel de tous les tribunaux civils et ecclésiastiques, il jugeait en dernier ressort toutes les fois que l'objet en litige n'excédait pas dix mille piastres fortes, — cinquante mille francs de notre monnaie. — Cette cour avait droit de remontrance, et délibérait comme Conseil d'État.

L'Audiencia correspondait directement avec le Conseil des Indes, ce régulateur suprême de toutes les affaires des possessions espagnoles.

Les membres de l'Audienica jouissaient de privilèges immenses, mais ils devaient être Espagnols; et pour qu'aucune affection de famille ne pût les attacher à l'Amérique, il leur était défendu, à eux et à leurs fils, de s'y marier et d'y acquérir des propriétés. Une interdiction pareille frappait le vice-roi.

Puis venait l'intendant administrateur des finances, ayant sous ses ordres les collecteurs des droits et redevances. Le pouvoir des intendants était si étendu qu'ils étaient presque indépendants dans leurs provinces.

Bref, dans l'administration de ses possessions, l'Espagne avait balancé tous les pouvoirs, de sorte qu'aucun n'était absolu et ne pouvait échapper au contrôle.

Le pouvoir ecclésiastique même, si fort dans un pays catholique, était soumis à des règles sous lesquelles il lui fallait se courber.

Ainsi la constitution de l'Église américaine ne ressemblait nullement à

— Mais si l'on vous découvre et qu'on vous tue ? — Alors; à la grâce de Dieu ! répondit-il
simplement.

celle de la mère patrie. Le pape n'avait qu'un pouvoir nominal sur le clergé.
l'Église mexicaine n'obéissait qu'au roi. Les prérogatives jadis concédées à
Ferdinand et Isabelle par Alexandre VI et Jules II étaient aussi étendues que
celles d'un chef d'Église nationale.

Le monarque espagnol, qui, dans la péninsule, obéissait sans observation
aux exigences les plus exagérées de l'Église romaine et du pape, son repré-

sentant, avait en Amérique un patronage illimité et disposait de tous les emplois et bénéfices. Bien plus, aucune bulle n'était reçue en Amérique, sans avoir été examinée et approuvée par le Conseil des Indes.

Les *Ayuntamientos*, ou municipalités, composés des *regidores* et des *alcades*, étaient librement nommés par les habitants de chaque ville, dont ils étaient chargés de défendre les intérêts.

Ces Ayuntamientos représentaient l'élément démocratique au milieu de cette organisation si éminemment despotique.

L'Ayuntamiento, ou Cabildo, n'oublia jamais les devoirs que lui imposait son origine populaire, et lors de l'éclosion de la guerre de l'indépendance, ses membres se firent bravement les organes du peuple, et soutinrent chaudement ses droits.

Voilà par quelle forme de gouvernement étaient régies non seulement la Nouvelle-Espagne, mais le Pérou, le Chili, Buenos-Ayres et généralement toutes les possessions de la couronne de Castille en Amérique.

Une haine trop profonde, une antipathie trop prononcée, séparaient les vainqueurs des vaincus, pour que les deux races parvinssent à se confondre en une seule ; elles se mêlèrent, créant ainsi une troisième race ; mais elles demeurèrent toujours debout en face l'une de l'autre, et les métis sortis de leur mélange, devinrent par la suite les ennemis les plus acharnés des Espagnols, et les promoteurs de toutes les révoltes et de toutes les insurrections.

Au XVIIᵉ siècle, l'Amérique n'était pas encore complètement pacifiée, et malgré une énergique et implacable répression, de soudaines prises d'armes dans les provinces éloignées révélaient de temps en temps au gouvernement espagnol l'ardent désir de liberté qui, malgré tout ce qu'on avait fait pour l'éteindre, couvait toujours au sein des masses.

Nous aurons terminé ce tableau, peut-être trop long, mais nous le croyons assez curieux, des possessions espagnoles, en disant un mot de l'état de l'instruction publique dans ces contrées.

Il était ordonné, par mesure politique et comme garantie d'obéissance et de sécurité pour le gouvernement, de maintenir les masses dans une ignorance profonde.

Les Américains étaient donc étrangers complètement à tout ce qui se passait hors de leur patrie ; ils croyaient de bonne foi que le sort des autres peuples valait moins que le leur. Ils étaient convaincus que leur gouvernement était le plus grand et le plus éclairé de tous ceux qui régissent le monde, et que l'Espagne, par sa politique et son organisation militaire, était la reine des nations et, par conséquent, la plus puissante.

Hablar cristiano, — parler chrétien, — signifiait parler espagnol, dans la bouche des Américains, et ils comprenaient sous le nom de *gringos* ou hérétiques, avec lesquels les bons catholiques ne pouvaient entretenir des rapports, et cela sans aucune exception, les Anglais, les Français, les Allemands, les juifs ou les musulmans.

Il est inutile de dire que l'Inquisition, fidèle gardienne de l'ignorance, ne laissait pénétrer aucuns livres autres que ceux autorisés par elle, et poursuivait avec la dernière rigueur les malheureux trouvés détenteurs d'un écrit quelconque qu'elle avait jugé convenable de prohiber.

Il est vrai que ces rigueurs n'atteignaient que les petites gens et les indigènes; les classes élevées se souciaient fort peu du saint-office qu'elles méprisaient ouvertement.

Nous nous résumerons en constatant que les possessions espagnoles fournissaient de cinq à six cent millions de piastres fortes tous les ans à la métropole, malgré les dilapidations et les exactions de toutes sortes faites par les vice-rois, les audienciers, les intendants et tous les employés du fisc. De là provenait l'acharnement de l'Espagne à fermer l'Amérique aux étrangers, et le désir de ceux-ci d'y pénétrer à tous risques.

De toutes les colonies espagnoles, l'île de Saint-Domingue, la première en date cependant, fut toujours la plus négligée et, par conséquent, la plus mal administrée.

Jusque vers la moitié du xviie siècle, cette île immense était demeurée en entier sous la domination des Espagnols qui en ignoraient encore le prix, par cette raison toute simple que leur attention était dirigée exclusivememt sur leurs colonies de terre ferme, où les métaux précieux s'offraient si facilement à leur insatiable cupidité.

Bref, c'était une colonie sans valeur pour la mère patrie; car, non seulement elle ne rapportait rien au gouvernement, mais encore lui coûtait, au contraire, chaque année, des sommes considérables, affectées au payement des employés, soldats, etc.

A l'époque où se passe notre histoire, la population de Saint-Domingue s'élevait à peine à quatorze mille habitants, Espagnols, créoles et mulâtres, sans compter les esclaves, dont le nombre, sans doute beaucoup plus considérable, n'était pas déterminé.

Il est juste d'ajouter douze ou quinze cents noirs fugitifs, ou marrons, qui s'étaient retranchés dans les montagnes, avec les derniers débris des Caraïbes. Ces premiers habitants de l'île affectaient l'indépendance et descendaient souvent dans les plaines pour ravager les plantations et mettre leurs propriétaires à contribution.

La capitale, Santo-Domingo, comptait environ cinq cents maisons, était fermée de murailles, et protégée par trois forts assez bien pourvus d'artillerie pour l'époque. Santiago était la seconde ville. Beaucoup de négociants et d'orfèvres s'y était fixés; mais ses murailles tombaient en ruines, et ses fortifications étaient mauvaises. Les autres centres de population, à part une ou deux villes peut-être, n'étaient que des bourgades chétives, tout ouvertes et peuplées d'habitants misérables.

L'arrivée des Français dans l'île passa inaperçue des orgueilleux Castillans. D'ailleurs que pouvaient-ils avoir à redouter d'une colonie composée au plus de deux cent cinquante habitants sédentaires, et placée dans un canton éloigné des possessions espagnoles. Cette indifférence hautaine donna aux aventuriers le temps nécessaire pour se consolider au Port-de-Paix et surtout à la Tortue, de telle sorte que, lorsque les Espagnols, continuellement harcelé par leurs audacieux voisins, sortirent enfin de leur léthargie et songèrent à les chasser du territoire dont ils s'étaient si effrontément emparés; ils reconnurent la faute qu'ils avaient commise, car il leur fallut employer toutes leurs ressources pour reconquérir les points qu'ils s'étaient laissé prendre, et encore comprirent-ils que jamais ils ne demeureraient dorénavant paisibles possesseurs de la Tortue et de la partie de l'île sur laquelle les aventuriers avaient mis le pied.

Ce fut ce qui arriva. Les flibustiers, pour lesquels la possession de la Tortue était fort importante, chaque fois qu'ils en étaient chassés, revenaient bravement à la charge, et, à force de ruse, ils s'en emparaient de nouveau pour se la laisser enlever quelque temps après.

Voilà pourquoi, au moment où s'ouvre notre histoire, nous les voyons occupés à organiser une expédition pour reconquérir l'île, mais cette fois pour tout de bon.

Maintenant que nous avons donné au lecteur les détails indispensables qui précèdent, nous le prierons de nous suivre à Santo-Domingo, capitale de l'île, où vont se passer des événements qu'il est de notre devoir de raconter.

Le marquis don Sancho de Peñaflor avait assisté avec une surprise mêlée d'épouvante à l'astucieuse révélation faite si à l'improviste à don Gusman de Tudela par le duc; la façon machiavélique dont le vieillard, inspiré par une haine implacable, avait réussi non seulement à intéresser le jeune homme à ses projets, mais encore à se charger, presque avec joie, d'accomplir une vengeance qu'il croyait lui être personnelle, l'avait atterré.

Mais contenu par le respect et surtout par la crainte que lui inspirait le vieillard, il n'avait pas osé risquer une protestation qui, du reste, n'aurait eu aucun résultat; d'ailleurs, quels motifs aurait-il pu mettre en avant pour désabuser son malheureux cousin et l'empêcher de courir à une mort presque certaine? Depuis vingt ans sa sœur avait disparu, sans doute elle était morte. Le comte de Barmont, ou pour mieux dire Montbars, le vieil ennemi de sa famille, était donc seul en jeu dans cette affaire. C'était à lui qu'en voulait le duc, c'était lui que poursuivait sa haine; le marquis, en sa qualité d'Espagnol, n'avait aucunes raisons plausibles pour protéger le célèbre flibustier, qu'il devait au contraire considérer comme l'adversaire le plus redoutable de la puissance castillane et désirer voir succomber; Montbars était l'âme de la flibuste; lui mort, les Frères de la Côte ne seraient plus à craindre.

Toutes ses sympathies étaient donc pour son cousin, don Gusman de Tudela, qu'il aimait sincèrement et qu'il voyait avec terreur chargé d'une mission qui devait, si elle était seulement soupçonnée par les aventuriers, causer sa perte et le conduire fatalement à une mort ignominieuse.

N'osant s'expliquer plus clairement de crainte de s'exposer à la colère de son père, le marquis avait donc, autant que cela lui était possible, engagé le jeune homme à ne pas commettre d'imprudence et surtout à ne rien tenter sans l'avoir primitivement consulté.

Il supposait que, une fois gouverneur de Santo-Domingo et loin des regards du duc, il parviendrait à faire renoncer le jeune homme à ses funestes projets et à le tirer du gouffre dans lequel le poussait une main implacable.

Malgré ses réticences, don Gusman avait semblé frappé de ses paroles et lui avait fait la promesse qu'il exigeait de lui.

Il le conduisit dans une autre pièce dont il referma lui-même la porte·

Le marquis, à peu près rassuré, n'avait plus songé dès lors qu'à s'occuper de ses préparatifs de départ pour Santo-Domingo, où il avait hâte d'arriver, afin d'échapper à la fatigante sujétion que lui imposait son père, et d'être à même, si besoin était, de venir en aide à son cousin.

Malheureusement, à cette époque on ne voyageait pas aussi facilement qu'à la nôtre, les moyens de transport étaient fort rares; de plus, comme les flibustiers étaient comme des oiseaux de proie embusqués dans tous les débouquements des Antilles, prêts à fondre sur les navires espagnols dès qu'ils apparaissaient à l'horizon, ceux-ci ne se risquaient qu'à bon escient à quitter les ports de la côte ferme, et ne s'aventuraient à la mer que lorsqu'ils se croyaient assez nombreux et surtout assez forts pour repousser les attaques de ceux qu'ils flétrissaient du nom de *ladrones*, voleurs.

Plusieurs jours s'écoulèrent donc avant qu'un convoi assez considérable se trouvât réuni à la Vera-Cruz, d'autant plus que le vice-roi voulut profiter du départ du nouveau gouverneur de Santo-Domingo pour ravitailler cette colonie, qui déjà, grâce à la mauvaise administration du gouvernement espagnol, commençait à coûter énormément cher à la métropole au lieu de lui produire les bénéfices qu'elle était en droit d'attendre d'un pays si richement doté par la nature.

Enfin, quinze navires de haut bord se trouvèrent réunis à l'île Sacrificios par les soins du vice-roi, et le marquis de Peñaflor quitta la Vera-Cruz.

La traversée fut heureuse, soit que les flibustiers eussent provisoirement abandonné leurs embuscades ordinaires, soit, ce qui est plus probable, qu'ils ne se jugeassent pas assez forts pour attaquer l'escadre espagnole ; aucune voile aventurière ne se montra dans les débouquements et le nouveau gouverneur atteignit Santo-Domingo sans avoir été inquiété.

Son arrivée avait été annoncée longtemps à l'avance, de sorte que lorsque l'escadre mouilla en rade, tout était prêt pour recevoir le marquis.

La réception fut magnifique ; les cloches sonnaient à toute volée ; le peuple, réuni en foule compacte sur le passage du gouverneur, poussait de joyeux vivats ; l'artillerie tonnait sans interruption, le trajet du débarcadère au palais du gouvernement fut pour le marquis un continuel triomphe.

Cependant don Sancho était préoccupé, ses regards erraient incessamment sur la foule, comme si parmi ces gens rassemblés sur son passage il eût cherché quelque visage de connaissance.

Le marquis se rappelait, malgré lui, l'époque où, jeune encore, libre et insouciant, il avait pour la première fois débarqué dans cette île pour fuir la tyrannique sujétion de son père et faire visite à sa sœur bien-aimée.

Où était-elle maintenant, cette pauvre Clara, que depuis près de quinze ans il n'avait vue ; qui avait disparu subitement, sans qu'il eût été possible, depuis lors, de connaître son sort et de savoir si elle vivait encore ou si elle avait succombé à l'incurable douleur qui la dévorait ?

Ces pensées s'emparaient malgré lui de l'esprit de don Sancho et le remplissaient d'une amère tristesse, lorsque tout à coup il poussa un cri de surprise, presque de joie, et il s'arrêta court, sans songer au cortège qui l'accompagnait et dont cette halte subite menaçait de compromettre gravement l'ordre.

Les yeux du marquis étaient tombés par hasard sur un homme qui, perdu dans les derniers rangs de la foule, faisait de gigantesques efforts pour atteindre le premier ; cet homme fixait un regard étincelant sur le gouverneur et semblait lui adresser une prière muette.

Don Sancho fit un geste, un alguazil de l'escorte se détacha du cortège, se dirigea vers l'endroit qui lui était désigné, écarta la foule qui s'ouvrit sans résistance devant lui, et du bout de sa canne touchant l'inconnu à l'épaule, il lui ordonna de le suivre.

Celui-ci obéit et s'arrêta devant le gouverneur qu'il salua respectueusement.

— Vous me voulez parler, n'est-ce pas, mon ami? lui dit le marquis avec bienveillance après l'avoir attentivement examiné pendant quelques instants.

— Je désire, en effet, parler à Votre Seigneurie, répondit l'inconnu en s'inclinant.

— Parlez, je vous écoute.

— Ce que j'ai à dire à Votre Seigneurie ne doit être entendu que d'elle seule.

— C'est bien, placez-vous derrière moi; allons, messieurs, ajouta-t-il en s'adressant aux membres du cortège.

On se remit en marche; au bout d'un quart d'heure on atteignit le palais.

L'inconnu suivait pas à pas le marquis et pénétra à sa suite dans la salle de réception, sans que personne essayât de s'y opposer.

La présentation des autorités de l'île au nouveau gouverneur commença; pendant tout le temps qu'elle dura, don Sancho, malgré tous ses efforts pour paraître calme, ne parvint que difficilement à cacher son impatience.

Enfin cette fastidieuse cérémonie se termina; sans attendre davantage, le marquis, au grand scandale des assistants confondus de ce manque inqualifiable à l'étiquette, s'avança d'un pas précipité vers l'inconnu, échangea quelques mots à voix basse avec lui, puis il lui fit signe de le suivre et le conduisit dans une autre pièce dont il referma lui-même la porte.

L'absence du gouverneur fut longue; enfin il reparut, mais seul, l'inconnu était sans doute sorti d'un autre côté.

L'étonnement des assistants était au comble, ils ne comprenaient rien à ce qui se passait et chuchotaient à voix basse entre eux avec inquiétude; mais, cet étonnement se changea en stupeur, lorsque le marquis, sans paraître remarquer leur présence, ordonna qu'on lui péparât à l'instant un cheval et quitta la salle sans songer à prendre congé d'eux.

XV

LE RANCHO

Santo-Domingo, Hispaniola ou Haïti, car tels sont les trois noms qu'elle porte, est à juste titre surnommée depuis sa découverte la Reine des Antilles. Elle est en effet la plus belle de ce groupe d'îles semé par la main de Dieu à l'entrée du golfe du Mexique et qui fleurit sur les eaux bleues de l'océan Atlantique.

Haïti, mot qui dans la langue caraïbe signifie *pays montagneux*, est située au sud-est de Cuba et à l'est de la Jamaïque par 16° 45'-20° de latitude nord et 70° 45'-76° 53' de longitude ouest; elle a six cent soixante kilomètres de long sur une largeur moyenne de cent vingt environ, quatorze cents kilomètres de tour sans compter les anses et seize cents kilomètres carrés; elle est donc, après Cuba, l'île la plus grande de toutes les Antilles.

Les montagnes qui couvrent le centre de l'île, après s'être partagées en trois chaînes principales, courent dans toutes les directions, peuvent la plupart être cultivées jusqu'à leur sommet et sont couvertes d'une végétation luxuriante; des rivières nombreuses descendent de ces montagnes, malheureusement ces rivières ne sont pas navigables; quelques-unes seulement, pendant un court trajet, peuvent être remontées par des embarcations légères.

Trois beaux lacs, dont un n'a pas moins de quatre-vingt-dix kilomètres de tour, complètent le système hydraulique de ce pays si magnifiquement fertile, où croissent naturellement les palmiers, les bananiers, les mimosas de toute espèce et en général toute la flore des régions intertropicales.

Lorsque les Espagnols débarquèrent pour la première fois dans cette île, le pays était fort peuplé et partagé en cinq tribus indépendantes l'une de l'autre, et gouvernées paternellement par des chefs dont l'autorité sur leurs sujets était illimitée.

Les Espagnols, poussés par une insatiable avarice et un fanatisme odieux, procédèrent dans ce pays comme dans toutes leurs autres colonies du Nouveau-Monde, par le meurtre et la tyrannie, et organisèrent l'esclavage et les supplices; ils agirent avec une telle barbarie que de toute la population indigène, il ne restait plus en 1542, ainsi que le constate Las Casas, que deux cents individus errants sur le territoire entier de l'île

Aussi le gouvernement espagnol se vit-il contraint d'accorder une licence d'introduction à Saint-Domingue de quatre mille esclaves noirs de Guinée.

La race caraïbe avait complètement disparu. Cependant les commencements de la colonisation espagnole avaient été des plus heureux. Charmés par la beauté du climat et cessant de songer à l'exploitation des mines, des colons intelligents étaient accourus en foule dans le but de cultiver cette terre féconde, et de créer des richesses réelles à la place des richesses fabuleuses qu'on avait si longtemps rêvées.

Des plantations furent établies et d'abondantes récoltes de cacao, de coton, de gingembre, d'indigo, de tabac et de sucre encouragèrent les spéculateurs.

L'élève du bétail offrait aussi des ressources excessivement lucratives; en effet les bestiaux s'étaient tellement multipliés dans cet heureux climat, que quarante ans à peine après l'introduction des premières vaches, on chargeait des navires entiers de cuirs et l'on faisait des charges de cinq et six cents bêtes à cornes.

Malheureusement l'extermination complète des indigènes mit fin sans retour à cette prospérité. Lorsqu'il fallut les remplacer par des nègres, les planteurs ne se soucièrent pas d'avoir des travailleurs qu'il fallait acheter et tout commença à dépérir.

Le gouvernement espagnol, peu soucieux de venir efficacement en aide

Elle s'élança vers la porte avec une précipitation fébrile.

aux colons et complètement absorbé par ses riches possessions du Mexique et du Pérou, négligea une colonie qui n'était pour ainsi dire qu'un point imperceptible dans ses vastes domaines.

Le dépérissement devint général et à l'époque où se passe notre histoire, non seulement l'île jadis si riche de Saint-Domingue ne rapportait plus rien à la métropole, mais celle-ci était, au contraire, contrainte d'envoyer dans la colonie, que l'incurie avait faite improductive, des fonds annuels pour solder les troupes et les employés, et jusqu'à des vêtements et des vivres.

Cette terre si fertile, cette contrée si splendidement belle n'était plus pour l'Espagne qu'une possession onéreuse qui agonisait lentement sous la pression de plus en plus forte d'une incurable misère.

Heureusement que pour l'avenir de Saint-Domingue, précisément à ce moment critique, de nouveaux colons s'établissaient par surprise dans la partie nord-ouest de l'île et par leur indomptable énergie, leur courage féroce et leur volonté de fer, allaient changer la face des choses et rendre jusqu'à un certain point ce pays abandonné même de ses habitants, à sa première splendeur.

Ces nouveaux colons étaient les flibustiers chassés de l'île Saint-Christophe par les Espagnols eux-mêmes et qui s'étaient tout à coup abattus comme une volée d'oiseaux de proie sur Saint-Domingue, que la Providence, dont les voies sont incompréhensibles pour l'esprit borné des hommes, destinait à transformer et à régénérer.

Maintenant que nous avons fait sommairement connaître cette île où vont se passer plusieurs scènes importantes de notre histoire, nous reprendrons notre récit trop longtemps interrompu.

A quelques lieues de Santo-Domingo, capitale de l'île, au fond d'une étroite vallée, presque ignorée alors, et enfoncée pour ainsi dire au milieu des hautes montagnes qui l'enveloppaient de toutes parts, s'élevait une modeste habitation, ou plutôt un rancho construit en troncs d'arbres, et recouvert en feuilles de palmier.

Ce rancho, perdu dans ce désert, était placé sur le bord d'une petite rivière nommée la Jaina, espèce de torrent presque tari à l'époque des grandes chaleurs, et qui après un cours de quelques lieues se jette dans la mer, non loin de Santo-Domingo.

La Jaina, de même que la plupart des rivières de l'île, n'est navigable que pour les embarcations des plus petites dimensions, mais ses bords tortueux, frangés de bois de haute futaie, de vertes prairies et de fourrés de lentisques, sont ravissants.

Le rancho se mirait dans ses eaux limpides; derrière l'habitation un corral, peu étendu et fermé d'une haie touffue, servait à rentrer, le soir, deux ou trois chevaux et autant de vaches, qui paissaient en ce moment en liberté à quelques pas à peine de la maison.

On pénétrait dans le rancho par un péristyle en troncs d'arbres, qui formait une colonnade surmontée d'une véranda devant la porte, à droite et à gauche de laquelle s'ouvraient deux fenêtres, garnies d'une fine moustiquaire et d'un long store en étoffe verte, destiné à tamiser les rayons ardents du soleil.

L'intérieur de cette habitation répondait à l'extérieur, c'est-à-dire que tout y était simple, modeste, mais de bon goût et d'une exquise propreté.

Après avoir franchi le péristyle, on pénétrait dans une espèce d'antichambre qui servait à séparer en deux les appartements; une porte à droite et une à gauche laissaient deviner cette distribution, tandis qu'une troisième porte ouvrant de face donnait dans une espèce de salle à manger sans doute commune, meublée d'une table, de quatre chaises et d'un dressoir.

Il était environ dix heures du matin, une femme de trente-huit à quarante ans, dont le visage pâle, les traits fatigués, les yeux éteints, conservaient cependant les traces à demi effacées d'une grande beauté, s'occupait, aidée d'un nègre âgé d'une vingtaine d'années au plus, rieur, vif, alerte et adroit comme un singe, animal auquel il ressemblait singulièrement, s'occupait, disons-nous, à disposer la table pour le repas du matin.

Cette dame, plongée en apparence dans une triste rêverie, s'interrompait parfois pour jeter un long regard au dehors, ou pour prêter l'oreille à des bruits vagues, puis elle hochait la tête, poussait un soupir et reprenait sa tâche qu'elle interrompait de nouveau un instant après.

Lorsqu'elle eut enfin terminé de mettre le couvert, le nègre la laissa seule. Elle tomba plutôt qu'elle ne s'assit sur une butacca placée près de la fenêtre, et elle demeura immobile, les yeux ardemment fixés sur l'entrée de la vallée, parfaitement visible de l'endroit où elle se trouvait.

— Il ne viendra pas, murmura-t-elle plusieurs fois avec découragement; il est trop tard à présent, il est inutile de l'attendre davantage.

Soudain elle tressaillit, se leva toute droite, poussa un cri étouffé, et s'élança vers la porte avec une précipitation fébrile.

Un cavalier venait d'apparaître, accourant au galop du côté du rancho.

Arrivé devant le péristyle, il sauta à terre, jeta la bride de son cheval au nègre, et se trouva face à face avec la dame.

— Enfin! s'écria celle-ci avec joie, vous voici donc de retour, je ne vous attendais plus.

— Señora, répondit le nouveau venu, je vous ferai observer que je suis parti de Santo-Domingo à quatre heures du matin, qu'il en est onze à peine, et que j'ai fait près de quinze lieues à franc étrier, à travers des chemins abominables, au risque de me rompre vingt fois le cou, ce qui n'aurait peut-être pas été un grand malheur, mais ce qui n'aurait pas rempli vos intentions, quant au message que je vous porte; donc, je crois ne pas avoir perdu de temps.

Celui qui parlait ainsi était un homme d'une soixantaine d'années à peu près, vigoureux, bien découplé, aux traits intelligents et dont les yeux vifs et brillants et la chevelure noire témoignaient qu'il n'avait, malgré son âge, rien perdu encore de sa force et de son énergie.

— Pardonnez-moi, mon ami, répondit doucement la dame, je ne savais ce que je disais.

— Vous pardonner, moi, vivo Cristo! s'écria-t-il avec une affectueuse brusquerie, ne suis-je pas votre serviteur, votre esclave même, prêt à vous obéir en tout au moindre mot, au moindre geste?

La dame sourit.

— Vous êtes mon ami, et pas autre chose, Birbomono, mon seul ami; hélas! ajouta-t-elle avec un soupir, votre dévouement est le seul qui ne m'ait jamais manqué.

— Ajoutez qu'il ne vous manquera jamais, madame, répondit-il avec feu, et vous direz tout juste la vérité.

— Merci, mon ami; mais venez, venez, le déjeuner est prêt, vous devez tomber d'inanition; tout en mangeant nous causerons.

— A vos ordres, madame, je vous avoue qu'en effet je me sens un appétit féroce.

— Ne perdons pas de temps alors, venez.

Ils entrèrent dans la salle à manger et prirent place en face l'un de l'autre, devant la table.

— Servez, Aristide, lui dit sa maîtresse.

L'esclave disparut, pour revenir un instant après avec deux plats, contenant les mets composant le déjeuner.

— Écoute ici, Aristide, lui dit Birbomono, comme nous n'avons plus besoin de toi provisoirement, fais-moi le plaisir de bouchonner vigoureusement Negro; le pauvre animal est venu d'un tel train, qu'il est trempé comme s'il sortait de la rivière; tu m'entends?

— Parfaitement, maître, répondit le noir, je vais m'en occuper tout de suite.

— C'est cela, mon garçon, si madame a besoin de toi, je t'appellerai.

Le nègre sortit, en refermant la porte derrière lui.

La dame mangeait par contenance, effleurant plutôt qu'elle ne touchait les mets placés devant elle; quant à Birbomono, il était facile de voir que, ainsi qu'il l'avait avoué, il avait grand appétit, car son assiette se vidait avec une rapidité réellement effrayante; la dame le surveillait du coin de l'œil, brûlant de le questionner, et retenant à grand'peine les paroles toujours prêtes à lui échapper.

Enfin, lorsque la première faim de son convive lui parut être à peu près calmée, elle n'y put tenir davantage, et se décida à entamer la conversation.

— Eh bien! lui demanda-t-elle avec un léger tremblement dans la voix, cette fois sera-t-elle comme les autres, et me répondrez-vous encore par ce désespérant monosyllabe : rien?

Birbomono releva la tête, but un large verre d'eau glacée qu'il épuisa jusqu'à la dernière goutte, s'essuya la barbe et les moustaches, et poussant un hem! sonore :

— Je crois, señora, dit-il, que mon voyage n'aura pas été tout à fait inutile.

— Oh! s'écria-t-elle en joignant les mains avec angoisse, auriez-vous découvert...

— Pardon, madame, dit-il en l'interrompant, laissez-moi parler, je vous prie, je ne veux ni vous tromper, ni vous donner un espoir qui ne saurait se réaliser.

— Ah! fit-elle avec découragement.

— Seulement, reprit-il, je crois que je vous apporte une nouvelle qui vous intéressera au plus haut degré.

— Quelle nouvelle autre que celle que vous ne me donnez pas peut m'intéresser à présent? murmura-t-elle, en hochant tristement la tête.

— Qui sait, madame? dit-il; je pense au contraire, moi, qu'il est très important pour vous de savoir ce que j'ai fait pendant mon voyage.

— Hélas! reprit-elle, en vous voyant accourir si vite, j'espérais presque.

— Croyez bien, señora, que si je n'avais pas eu un puissant motif d'agir ainsi que je l'ai fait, je n'aurais pas risqué de rendre fourbu ce pauvre Negro.

— C'est vrai, mon ami, parlez donc, je vous écoute.

— Sachez d'abord, madame, que le gouverneur de l'île est changé, ce n'est plus don Luis de Cordova.

La dame le regarda avec un étonnement profond.

— Que m'importe cela, mon ami? dit-elle.

— Plus que vous ne le supposez, madame, et vous allez en convenir vous-même en apprenant le nom de son successeur.

— Je ne demande pas mieux, mon ami, répondit-elle en souriant, et comment se nomme, s'il vous plaît, ce nouveau gouverneur?

— C'est une personne que vous avez beaucoup connue jadis.

— Bien, mais quel est son nom?

— Pour laquelle vous professiez même une profonde amitié.

— Ne voulez-vous pas me dire quelle est cette personne? fit-elle avec impatience.

— Au contraire, madame, mais je crains...

— Quoi donc?

— Rien, au fait, je suis fou; en un mot, c'est don Sancho de Peñaflor.

— Oh! mon Dieu! s'écria-t-elle en joignant les mains et en se renversant sur son siège comme si elle allait s'évanouir.

Birbomono s'élança pour lui porter secours, mais elle se redressa vivement et s'efforçant de sourire :

— Vous aviez raison, mon ami, fit-elle doucement, la nouvelle que vous m'annoncez m'intéresse vivement; maintenant donnez-moi des détails, je vous prie.

— C'est ce que je vais faire, madame.

XVI

DEUX ANCIENNES CONNAISSANCES DU LECTEUR

Comme d'un commun accord les deux interlocuteurs avaient fait subitement silence, Birbomono, le nez dans son assiette, tordait machinalement une cigarette tout en lançant à la dérobée des regards scrutateurs sur la dame assise en face de lui; celle-ci, plus pâle encore que d'habitude, les sourcils froncés et le regard fixe, tapait à petit coups une fourchette sur la table. Évidemment chacun d'eux était en proie à une sérieuse préoccupation, et ni l'un ni l'autre n'avaient conscience de ce qu'ils faisaient en ce moment. Ce fut la dame qui la première reprit la parole.

— Birbomono, dit-elle avec une certaine hésitation dans la voix, voici vingt et un jours que vous m'avez quittée, sans doute tout ce temps-là vous ne l'avez pas passé à Santo-Domingo.

— Non certes, señora, répondit-il en s'inclinant; d'ailleurs j'ai été obligé de faire le grand tour pour me rendre à la capitale puisque vous m'aviez ordonné de passer par San-Juan-de-Goava.

— En effet, reprit-elle vivement, et vous êtes sans doute demeuré long-temps dans cette ville?

— Mon Dieu non, répondit-il avec une feinte indifférence, deux heures à peine, le temps de prendre quelques renseignements, puis je suis parti.

— Et ces renseignements?

— Les voici : vous m'aviez, señora, chargé d'une lettre pour doña Juana d'Avila, cette lettre, je vous la rapporte.

— Vous me la rapportez! s'écria-t-elle avec un frémissement intérieur; il n'est pas possible qu'elle ait refusé de la recevoir.

— Doña Juana d'Avila n'est plus à San-Juan-de-Goava, señora, elle est partie à l'improviste pour rejoindre son tuteur à l'île de la Tortue dont il est gouverneur.

— Oh! fit-elle en laissant tomber avec accablement sa tête sur la poitrine, hélas! mon pauvre Birbomono, vous êtes bien réellement pour moi un mes-sager de mauvaises nouvelles.

— Vous m'en voyez désespéré, señora, mais ne vaut-il pas mieux dire la vérité que vous entretenir de mensonges, dont le moindre hasard vous ferait un jour ou l'autre reconnaître la fausseté, ce qui vous rendrait plus malheu-reuse encore?

— Oui, vous avez raison; cette brusque franchise, si pénible qu'elle me soit, est encore préférable.

— D'ailleurs, madame, l'île de la Tortue n'est pas si éloignée qu'on ne puisse s'y rendre.

— Continuez, continuez.

— De San-Juan-de-Goava, où rien ne me retenait plus, puisque j'y étais allé seulement pour doña Juana et que doña Juana l'avait quitté, je partis pour Santo-Domingo. Je fus surpris en entrant dans la ville de la trouver en fête. Les maisons étaient garnies de tapisseries, les rues jonchées de fleurs et encombrées par les habitants dans leurs plus beaux atours, les navires mouillés dans le port étaient pavoisés et faisaient gronder leur artillerie en salves continuelles. Surpris outre mesure par ces marques de la joie publique, je me creusais vainement la tête pour deviner quelle grande fête pouvait motiver de si éclatantes démonstrations; naturellement, je ne trouvais rien. Ce jour était un mardi, jour fort ordinaire, dédié à saint Polycarpe, saint fort modeste, pour la fête duquel on ne se serait pas donné tant de mouvement. Tout en réfléchissant, j'arrivai, poussé par la foule, jusqu'à la place Mayor. Sur cette place, c'était bien autre chose : les troupes de la garnison, dans leur plus belle tenue, étaient rangées devant le palais, et la musique militaire faisait entendre des symphonies qui alternaient avec les roulements formidables des tambours et les éclats de l'artillerie des vaisseaux. Ne pouvant plus résister à ma curiosité, j'interrogeai un digne bourgeois à figure placide qui par hasard se trouvait près de moi.

« — Il faut que vous soyez étranger, señor, me répondit-il, pour m'adresser une telle question.

« — Supposez que je le suis, lui dis-je, et faites-moi la grâce de m'instruire.

« — Je ne demande pas mieux, señor, vous nous voyez ainsi en liesse pour l'arrivée du nouveau gouverneur de l'île.

« Ainsi que vous, madame, dans le premier moment cette nouvelle m'intéressait fort peu ; cependant je feignis une grande joie, et comme provisoirement je n'avais rien de mieux à faire, je continuai la conversation, en demandant à mon digne bourgeois s'il savait le nom de ce nouveau gouverneur. Ce fut alors qu'il me répondit qu'il se nommait le marquis Sancho de Peñaflor. Ma surprise fut si grande en entendant ce nom, que je le fis répéter plusieurs fois à mon interlocuteur afin de me bien convaincre qu'il ne se trompait pas. Je lui demandai alors si le gouverneur était débarqué, ou bien si la foule était arrêtée là pour le saluer au passage. Le bourgeois me répondit, avec une inépuisable obligeance, que le gouverneur était débarqué depuis une heure déjà, qu'il se trouvait dans le palais occupé en ce moment à recevoir les félicitations des notables de la ville. Je savais tout ce que je voulais savoir, je saluai poliment le complaisant bourgeois et je m'éloignai, roulant certains projets dans ma tête.

En racontant d'une façon aussi prolixe des événements en apparence si peu importants, Birbomono se proposait évidemment un but ; ce but était sans doute, en excitant l'impatience de la señora, de diviser son attention, de changer le cours de ses pensées et d'arriver ainsi à la préparer à apprendre sans secousse une nouvelle assez importante.

Ce but, il l'avait complètement atteint : perdue dans tout ce verbiage, la señora, en proie à une surexcitation fébrile, l'écoutait avec une irritation visible, bien qu'elle s'efforçât de paraître calme, pour ne pas indisposer un homme dont elle connaissait le dévouement sans bornes à sa personne et appréciait le beau caractère. Nous avons oublié de dire que, tout en parlant, incommodé probablement par les rayons du soleil qui faisaient irruption par la fenêtre ouverte, Birbomono avait baissé le store de façon que les deux interlocuteurs se trouvaient dans une obscurité relative et que la vue de la campagne était complètement interceptée.

— Quels étaient ces projets que vous rouliez dans votre tête ? demanda la dame.

— Ai-je dit des projets, señora ? reprit-il. Alors je me suis trompé ; je n'en avais qu'un seul, celui de m'introduire dans le palais et de me présenter à Son Excellence le gouverneur.

— Oui, oui, fit-elle avec vivacité, et vous l'avez mis à exécution, n'est-ce pas, mon ami ?

— J'essayai du moins, señora ; mais ce n'était pas une entreprise facile, non pas que les soldats empêchassent d'entrer, au contraire les portes étaient ouvertes, et chacun était libre d'aller et de venir à sa guise ; mais la foule était si compacte, le nombre des curieux si grand qu'il était littéralement impossible d'avancer.

Le lecteur reconnaîtra bientôt que ce n'était pas positivement ainsi que les choses s'étaient passées, mais sans doute Birbomono avait certaines raisons de lui connues qui l'engageaient à altérer légèrement la vérité.

Tout en parlant, Birbomono prêtait l'oreille à un bruit presque imperceptible d'abord, mais qui grandissait d'instant en instant. La señora n'écoutait et n'entendait rien autre chose que ce que lui rapportait Birbomono. Toute son attention était concentrée sur ce récit.

— Cependant, reprit-il en élevant la voix, à force de ruse et de patience, je parvins à pénétrer dans le palais et à entrer dans la salle même où se trouvait-le gouverneur. Alors il se passa une chose singulière : Son Excellence qui, en ce moment, était en grande conversation avec l'alcalde mayor, ne m'eut pas plus tôt aperçu que, me reconnaissant tout de suite et laissant là le magistrat sans plus de cérémonie, elle s'avança vivement vers moi en m'appelant par mon nom.

— C'est prodigieux ! après si longtemps !

— Quatorze ans au moins.

« Le gouverneur me prit alors à part, sans s'occuper davantage des autres personnes, et commença à me questionner. Vous comprenez, madame, que la conversation fut longue et intéressante entre nous : j'en avais long à lui dire.

— Hélas ! murmura-t-elle en soupirant, pauvre Sancho, que j'aimais tant ! il ne me reconnaîtrait plus maintenant.

— Pourquoi donc, madame ?

— La douleur m'a si cruellement changée, mon ami, que je suis méconnaissable ; et pourtant, je serais si heureuse de le voir !

— Cela ne tient qu'à vous.

— Je n'ose aller le trouver, mon ami.

— Pourquoi ne viendrait-il pas, lui ?

— Le voudrait-il ? murmura-t-elle en soupirant.

— Si vous lui en témoigniez le désir, madame, je suis convaincu qu'il accourrait aussitôt.

— Hélas ! c'est impossible, mon ami ; il est riche, heureux, puissant ; il me croit morte, peut-être.

— Ne lui ai-je pas tout révélé ?

— C'est vrai, mais je n'appartiens plus au monde ; je suis une créature maudite. Lui-même, s'il me voyait, me renierait sans doute.

— Oh ! quelle affreuse pensée avez-vous donc là, señora ! lui, don Sancho, qui vous aimait tant, vous renier ! Oh !

— Le malheur rend injuste, mon ami ; je lui pardonnerais de ne plus m'aimer, mais je ne voudrais pas m'exposer à son mépris.

— Oh ! madame, madame, vous êtes cruelle.

— Oui, c'est vrai ; mais c'est que je l'aime, moi, voyez-vous, mon ami, je l'aime comme il y a vingt ans ; et s'il était là près de moi, à cette place, il me

Elle s'élança vers le marquis et cacha, en fondant en larmes, sa tête sur sa poitrine.

semble que je trouverais encore dans mes yeux desséchés par la douleur des larmes de joie pour fêter son retour.

Tout à coup la porte s'ouvrit et don Sancho de Peñaflor parut sur le seuil.

— Ma sœur, dit-il en ouvrant les bras pour la recevoir, j'ai tout quitté pour te venir embrasser.

— Toi! oh! toi! s'écria-t-elle avec un grand cri, et elle s'élança vers le marquis et cacha, en fondant en larmes, sa tête sur sa poitrine.

Birbomono jugea que sa présence n'était plus nécessaire, et il se retira discrètement en fermant la porte derrière lui.

Don Sancho, aussi ému que sa sœur, mêlait ses larmes aux siennes.

— Clara! ma pauvre Clara! disait-il, et ces paroles résumaient sa pensée; son cœur était trop plein pour qu'il lui fût possible de trouver des mots qui rendissent ce qu'il éprouvait.

— Mon frère! mon cher Sancho, murmurait doña Clara à travers ses larmes, enfin te voilà; je te vois; je te presse sur mon cœur. Oh! je suis heureuse, bien heureuse en ce moment.

— Ma sœur bien-aimée, remets-toi, reprends courage; nous voici réunis après si longtemps. Oh! je te ferai oublier tes angoisses et tes douleurs passées.

Elle se redressa subitement à ces paroles, écarta avec ses mains les cheveux qui voilaient son visage pâle et sillonné de larmes, et hochant tristement la tête :

— Hélas! murmura-t-elle, je suis une créature maudite; ne le sais-tu pas, Sancho? Je suis seule, seule toujours.

Et, cachant son visage dans ses mains, elle recommença à pleurer.

Le marquis la conduisit doucement à un siège et s'assit près d'elle.

— Clara, lui dit-il en conservant une de ses mains dans les deux siennes et la regardant avec tendresse, tu n'es plus seule; ne suis-je pas de retour enfin, et ne sais-tu pas que je t'aiderai de tout mon pouvoir dans tes recherches ?

— Hélas! cette promesse, tu me l'as faite une fois déjà, mon frère, t'en souviens-tu? et cependant...

— Oui, interrompit-il vivement, mais alors, ma sœur, j'étais un jeune homme, presque un enfant, sans consistance et sans volonté. Regarde-moi, aujourd'hui, je suis un homme mûr; je suis fort, puissant; beaucoup de choses que j'ignorais alors, je les sais maintenant. Je t'aiderai, te dis-je, ma sœur, et Dieu nous protégera : nous réussirons.

— Le crois-tu? murmura-t-elle.

— Je l'espère, ma sœur.

— Oh! parle, parle, je t'en supplie; dis-moi ce que tu sais.

— Raconte-moi d'abord comment tu as vécu depuis notre séparation, ce que tu as fait, pourquoi tu as disparu tout à coup, nous laissant supposer que tu étais morte.

— A quoi bon te faire ce récit, mon frère? Parle d'abord, toi.

— Non, je tiens à savoir ce que tu es devenue, et pourquoi tu as subitement renoncé au monde pour t'ensevelir toute vivante dans la solitude et le silence ?

— Tu exiges que je te rapporte cela, mon frère?

— Je le désire, Clara, dis-moi tout; ne crois pas que ce soit une vaine curiosité qui me guide; j'ai besoin de connaître ta vie afin de te consoler.

— Tâche difficile que celle-là, mon frère. Hélas ! rien au monde ne peut consoler une mère de la perte de son enfant.

— Pauvre sœur.

— Et mon père ? demanda-t-elle avec crainte.

— Il vit, répondit-il, il vit entouré de l'estime générale et comblé d'honneurs.

— Oui, oui, fit-elle avec un soupir, il devait en être ainsi. Parle-t-il quelquefois de sa fille ?

— Jamais ton nom n'est sorti de ses lèvres ; il te croit morte.

— Tant mieux ! reprit-elle ; peut-être cette croyance le rendra-t-elle indulgent pour l'innocent qu'il persécute : une victime doit lui suffire.

— Tu ne connais pas notre père, ma pauvre chère Clara, si tu te berces de cette pensée. C'est un cœur d'airain, une âme implacable ; sa haine est aussi vive aujourd'hui qu'il y a vingt ans. Le duc de Peñaflor ne pardonne pas ; il poursuit sa vengeance avec une ardeur et une obstination que les difficultés et les obstacles raffermissent au lieu de le décourager.

— Hélas ! je savais tout cela, et pourtant je n'osais croire que ce fût vrai. Où est-il ? en Espagne sans doute ?

— Non ; il est en même temps que moi arrivé en Amérique ; il se trouve en ce moment à Panama, mais je crois qu'il n'y restera pas.

— En Amérique ? reprit-elle ; et que vient-il faire ici ?

— Tenter une dernière fois d'atteindre cette vengeance que depuis si longtemps il poursuit, ma sœur.

— Mais que prétend-il donc faire ?

— Cela je te le dirai, sois tranquille, ou du moins je te révélerai tout ce que j'ai pu saisir du ténébreux complot qu'il a ourdi avec une effroyable adresse et qui, si Dieu ne consent à se mettre enfin contre lui, doit infailliblement réussir, tant ses mesures sont bien prises.

— Mon Dieu ! mon Dieu, murmura-t-elle en joignant les mains avec prière.

— A ton tour maintenant, ma sœur, parle, je t'écoute.

— Que te dirai-je, Sancho ! La vie d'une misérable créature telle que moi n'a rien qui puisse intéresser ; repoussée par mon père, méprisée par l'homme que j'aimais, honnie par la société qui m'accusait sourdement de la mort de mon mari, privée de mon enfant qui était tout pour moi, sans regret du passé, sans espoir dans l'avenir, je me réfugiai dans la solitude ; un instant je fus lâche et je songeai à mourir, mais Dieu me vint en aide. J'avais une mission à remplir : retrouver mon enfant, obtenir le pardon de l'homme que j'avais seul aimé et qui comme les autres me croyait coupable ; je résolus de vivre. Un soir, je ne sais si tu te le rappelles, mon frère, tu t'absentas du palais, invité je crois par les magistrats de la haute cour à un banquet ; je demeurai seule, mes précautions étaient prises d'avance, je sortis du palais et je quittai Santo-Domingo résolue à n'y rentrer jamais ; un seul homme m'accompagnait dans ma fuite ; cet homme tu le connais, c'est Birbomono ; lui seul me demeura fidèle dans l'adversité, son dévouement ne s'est jamais démenti, son respect pour moi est toujours le même ; aussi je n'ai plus

de secrets pour lui, il partage mes joies et mes peines ; il n'es t plus mon ser
viteur, il est mon ami.

— Je le remercierai, dit le marquis.

— Le remerciement qu'il comprendra le mieux et qui le flattera davantage,
mon frère, ce sera, si tu y consens, de lui serrer la main.

— Il est digne de cette distinction, ma sœur, et certes, malgré la distance
qui nous sépare, je ne manquerai pas de le faire.

C'était tout ce que doña Clara pouvait exiger du hautain gentilhomme ; elle
n'insista pas.

— J'avais fait acheter par Birbomono, sous un nom supposé, ce rancho où
nous sommes, je m'y rendis; depuis je l'ai toujours habité. Cela ne veut pas
dire que je ne l'ai jamais quitté : au contraire, souvent j'en suis sortie, demeurant
parfois absente des mois, des trimestres, jusqu'à des années entières, laissant
pendant ces absences cette misérable maison sous la garde d'un esclave noir
nommé Aristide et que j'avais acheté presque enfant. Que te dirais-je de plus,
mon frère ? Tantôt sous un déguisement, tantôt sous un autre, je me suis mêlée
aux boucaniers, j'ai parcouru les îles, je suis même allée au Mexique, dont
mon père était vice-roi. J'ai fait plus encore : j'ai franchi la mer, j'ai parcouru
la France et l'Espagne, cherchant partout mon enfant, visitant les plus misérables bourgades, entrant dans les plus pauvres chaumières et toujours en
vain, toujours.

Elle pleura; son frère la regardait avec attendrissement, n'osant l'interrompre. Dans sa douleur, cette mère infortunée lui paraissait grande comme
la Niobé antique.

Elle essuya ses larmes d'un geste fébrile et continua d'une voix haletante :

— Deux fois je crus être sur la piste d'une découverte et mon cœur bondit
d'espoir. La première ce fut à Madrid : j'appris par hasard qu'un enfant aurait
été recueilli par mon père et qu'il l'élevait avec autant de soin et de tendresse
que s'il lui eût appartenu par les liens du sang; cet enfant je le vis, il avait
deux ans alors, il était beau, ses traits mâles et fiers mé semblèrent avoir
une ressemblance éloignée avec une autre personne. Je parvins à approcher
de ce bel enfant et à le faire parler. Il se nommait Gusman de Tudela, mon
père était son tuteur ; mais ce nom pouvait être supposé ; je m'informai.
Hélas ! je m'étais trompée, ce nom était bien le sien ; cet espoir déçu faillit
me rendre folle.

— Pauvre sœur, murmura le marquis en étouffant un soupir ; que fis-tu
alors ?

— Je partis, j'abandonnai l'Espagne comme une terre maudite, et pourtant,
te l'avouerai-je, mon frère, le souvenir de cet enfant est toujours présent à
ma pensée, j'entends encore le son de sa voix si douce et si fraîche qui faisait
tressaillir mon cœur de joie. Après tant d'années, ses traits sont si bien gravés
dans ma mémoire que si le hasard nous mettait en présence, je le recon-
naîtrais, j'en suis certaine. Cela n'est-il pas étrange, dis, mon frère ?

— Bien étrange, en effet, ma chère Clara, mais continue, je te prie; cet
enfant, qui est un homme maintenant, je le connais, moi aussi, il se trouve

présentement en Amérique et peut-être Dieu, qui peut tout, vous mettra-t-il
en présence.

— Tu me dis cela d'une façon singulière, Sancho.

— N'attache pas à mes paroles plus d'importance qu'elles n'en ont en
réalité, ma sœur, continue, je t'écoute.

— La seconde fois, ce fut ici même, à Santo-Domingo, il y a de cela deux
ans environ. Le hasard m'avait conduite dans une petite ville nommée San-
Juan-de-Goava ; j'étais entrée dans une église ; ma prière terminée, je sortais,
lorsque, auprès du bénitier, je me trouvai face à face avec une charmante jeune
fille qui me tendit ses doigts mouillés de l'eau sainte. Je ne sais pourquoi,
mais à la vue de cette jeune fille inconnue, je tressaillis, je sentis bondir mon
cœur dans ma poitrine ; elle me salua avec un doux sourire et se retira. Je
demeurai pendant quelques instants immobile, en proie à une émotion
étrange qui me serrait le cœur comme dans un étau, les yeux fixés sur elle et
la regardant s'éloigner. Enfin je me déterminai à la suivre de loin. Lorsqu'elle
fut rentrée chez elle, dans une maison peu éloignée de l'église, je m'informai :
elle se nommait doña Juana d'Avila, était pupille de don Fernando d'Avila ;
je m'arrangeai de façon à la rencontrer de nouveau, je lui parlai, peu à peu
je parvins à me lier avec elle et à être reçue dans sa maison où elle vivait à
peu près seule avec une vieille dueña, nommée ña Cigala, son tuteur, don
Fernando d'Avila, résidant à l'île de la Tortue, dont il était gouverneur pour
le roi d'Espagne. Doña Juana ne savait rien de sa famille, elle ne se souvenait
ni de sa mère, ni de son père, on lui avait donné le nom de son tuteur et elle
portait ce nom sans davantage s'en inquiéter ; elle savait seulement, mais
cela d'une façon fort vague, qu'elle avait été confiée tout enfant à don Fernando par un grand personnage appartenant à une des plus illustres familles
de la péninsule ; ce personnage, dont le nom semblait être un mystère et
n'avait jamais été prononcé devant elle, ne la perdait pas de vue et exerçait sur
elle une surveillance qui, bien qu'elle fût occulte, était incessante ; il protégeait
activement don Fernando qui lui devait tout et l'avançait rapidement, aussi
le brave hidalgo était-il dévoué corps et âme à son généreux protecteur, bien
qu'il eût une sincère affection pour sa pupille, qu'il considérait comme son
enfant. Tous ces détails, que je mis deux ans à obtenir, excitèrent au plus haut
point ma curiosité. N'y pouvant tenir davantage, j'expédiai il y a quelques
jours Birbomono à San-Juan-de-Goava, afin d'essayer de découvrir quelque
chose de positif qui vînt donner raison au vague espoir qui me brûle
le cœur.

— Eh bien ? demanda curieusement don Sancho.

— Eh bien ! mon frère, répondit-elle avec accablement, doña Juana a
quitté à l'improviste San-Juan-de-Goava pour rejoindre son tuteur à l'île de la
Tortue ; mais, ajouta-t-elle avec une énergie fébrile, j'irai, s'il le faut, à la
Tortue, j'interrogerai don Fernando, et...

— Pardon, ma sœur, interrompit don Sancho, n'avez-vous rien de plus à
me dire ?

— Rien, mon frère, vous savez maintenant aussi bien que moi ce que ma
vie a été depuis notre séparation.

— Je vous remercie, ma sœur, de votre confiance; à mon tour de parler maintenant, puis, lorsque vous m'aurez entendu, nous verrons ce qu'il est opportun de faire; prêtez-moi la plus grande attention, car, vive Dios ! je vous jure que ce que vous allez entendre vous intéressera.

Doña Clara tressaillit à ces paroles, et fixant ses grands yeux pleins de larmes sur le marquis :

— Parlez, mon frère, je vous écoute, dit-elle d'une voix sourde.

XVII

CONVERSATION INTIME

Le déjeuner était terminé longtemps avant l'arrivée de don Sancho, le frère et la sœur quittèrent la salle à manger et passèrent dans une autre pièce afin de laisser au nègre la faculté d'enlever le couvert.

Cette pièce servait de chambre à coucher à doña Clara; bien que meublée aussi simplement que le reste de la maison, elle exhalait ce parfum si doux qui révèle même aux indifférents la retraite chérie d'une femme du monde.

Doña Clara avança un siège à son frère, prit place en face de lui sur un autre et lui posant doucement la main sur le bras :

— Maintenant, parlez, mon frère, je vous écoute, dit-elle.

Le marquis fixa un long regard sur sa sœur et la voyant si triste et si pâle, il étouffa un soupir.

— Vous me trouvez bien changée, n'est-ce pas, mon frère? dit-elle avec un mélancolique sourire; c'est que j'ai bien souffert depuis que nous ne nous sommes vus. Mais il ne s'agit point de cela en ce moment, ajouta-t-elle, parlez, je vous en supplie.

— Dieu m'est témoin, ma sœur, dit don Sancho, que je voudrais jeter un peu de baume sur vos blessures, verser ne serait-ce qu'un fugitif espoir dans votre âme, et je crains au contraire que mes révélations, bien incomplètes et bien sombres surtout, n'ajoutent encore, s'il est possible, à votre douleur.

— La volonté de Dieu soit faite, en ceci comme en toutes choses, mon frère, répondit-elle avec résignation; je sais combien vous m'aimez et si une douleur doit me venir de vous, elle sera la bienvenue, car votre volonté, j'en ai l'intime conviction, y sera entièrement étrangère; maintenant parlez sans crainte, car, quoi qu'il arrive, vous êtes d'avance absous.

— Je n'attendais pas moins de vous, ma sœur, et je vous l'avoue, j'avais besoin que vous me donnassiez cette absolution pour oser tout vous dire; écoutez-moi donc, car cette affaire est bien plus mystérieuse que vous ne le soupçonnez. Aussi bien et même mieux que moi, vous connaissez notre père, sa volonté implacable, sa cruauté froide et son orgueil immense. Je ne prétends rien vous apprendre de nouveau, en vous disant que depuis la mort de votre mari votre nom n'est pas une seule fois tombé de ses lèvres; en apprenant votre disparition subite, il ne témoigna ni surprise ni curiosité et ne tenta, en apparence du moins, aucune démarche pour découvrir ce que vous étiez devenue; plus tard, lorsque certaines personnes s'informèrent de vous, il répondit si péremptoirement que vous étiez morte, que moi-même, je vous l'avoue, ma sœur, je fus dupe de ce mensonge et je pleurai comme si réellement vous aviez cessé de vivre.

— Mon bon Sancho! et comment apprîtes-vous que je vivais encore?

— Ce fut il y a quelques jours seulement que votre existence me fut révélée à Santo-Domingo par Birbomono.

— Comment! votre ignorance s'est prolongée pendant tant d'années?

— Hélas! oui ma sœur; qui aurait pu me désabuser? Vous vous souvenez qu'après avoir fait rendre à votre mari les derniers devoirs, brusquement rappelé au Mexique par mon père, j'avais quitté l'île, où je ne suis plus revenu qu'il y a vingt-quatre heures seulement. Je passai en Espagne où je demeurai quelques années, puis je visitai plusieurs cours étrangères, de sorte que tout se réunit pour épaissir le voile qu'avec intention sans doute mon père avait étendu devant mes yeux. Cependant je dois vous dire que, malgré moi, lorsque bien souvent votre souvenir s'offrait à mon esprit, car je ne pouvais me consoler de votre perte, je sentais le doute s'éveiller dans mon cœur, et bien que rien ne vînt justifier ce doute, j'espérais qu'un jour la lumière se ferait sur cette catastrophe, soit en me révélant la façon dont vous aviez cessé de vivre, soit en vous faisant tout à coup reparaître à mes yeux. Chose singulière, les années, au lieu d'affaiblir cette pensée, la rendirent au contraire plus forte, plus vivace; si bien que, sans que rien vînt dissiper les ténèbres au milieu desquelles je me trouvais, j'en arrivai à acquérir la quasi-certitude de votre existence, et à me persuader, en songeant à la haine de notre père, que le bruit de votre mort avait été à dessein répandu par lui, afin de fermer définitivement la bouche à tous ceux de nos parents qui seraient tentés de prendre votre défense contre lui. Vous voyez que je ne me trompais pas.

— C'est vrai, mon frère, mais si le hasard ne vous avait pas amené?

— Pardon, interrompit-il vivement, le hasard n'est pour rien dans cette affaire, ma sœur; c'est ce doute dont je vous parlais qui, peu à peu changé en certitude, m'a fait désirer de retourner aux îles. Je me disais, avec raison, que si réellement vous existiez, c'était ici seulement que je vous retrouverais. J'allais donc faire les démarches nécessaires pour obtenir de passer en Amérique, lorsqu'au moment où j'y songeais le moins, mon père m'annonça que Sa Majesté avait daigné me donner le gouvernement de Saint-Domingue.

— Et lui, notre père, est-il donc demeuré en Espagne?

— Non point, ma sœur; il s'était fait donner le commandement de l'intendance de Panama, mais, je ne sais pour quel motif, il a changé d'avis maintenant; de sorte qu'il se trouve provisoirement à Maracaïbo.

— Si près de moi! murmura-t-elle avec un frissonnement de terreur; mais que m'importe, je n'ai plus rien à redouter de lui maintenant.

— A présent que j'ai éclairci ce premier point de mon retour aux îles, il me faut faire rétrograder mon récit et revenir à l'époque où j'accompagnai mon père en Espagne, c'est-à-dire deux ans environ après la mort de votre mari et votre disparition. Voici où je vous prie, ma sœur, de me prêter toute votre attention, car c'est ici que le récit que je vous fais s'assombrit et devient tellement mystérieux, que je doute qu'il nous soit possible de jamais démêler la vérité du mensonge et de détruire la trame ténébreuse tissée par le duc avec cette adresse fatale que, seule, sa haine a pu lui inspirer. Quelques mois à peine après notre arrivée à Madrid, mon père, avec lequel j'avais fort peu de relations, bien que j'habitasse le palais de notre famille, situé, comme vous le savez, calle de Atocha, m'annonça un soir, après souper, qu'il partait pour un voyage qui peut-être se prolongerait pendant plusieurs mois, et que la nuit même il quitterait la *cour*[1]. Mon père n'ayant pas jugé à propos de m'instruire ni de la direction qu'il comptait prendre, ni du but de ce voyage, je n'osai l'interroger; je m'inclinai respectueusement devant lui. Il prit congé de moi, et, ainsi qu'il me l'avait annoncé, une heure plus tard, il montait en voiture. Je vous avoue, ma sœur, que, dans le premier moment, je m'inquiétai fort peu des motifs qui obligeaient mon père à voyager ainsi. Peu m'importait d'ailleurs. J'étais jeune, ami des plaisirs, lancé dans un monde frivole; l'absence de mon père ne pouvait que m'être, sinon agréable, du moins indifférente. Ce ne fut que quelques jours plus tard que, dans une tertulia chez le duc de Medina del Campo, le hasard m'apprit que mon père était parti pour la France.

— Pour la France? s'écria en tressaillant doña Clara.

— Oui, et ce fut le duc de Medina del Campo lui-même qui m'en instruisit en me demandant quelles affaires pouvaient appeler mon père à Paris. Comme bien vous pensez, ma sœur, je répondis non seulement que j'ignorais quelles étaient ces affaires, mais que même je ne savais pas que mon père eût passé les Pyrénées. Le duc de Medina del Campo s'aperçut sans doute qu'il avait commis une maladresse, car il se mordit les lèvres et changea de conversation. Le voyage de mon père dura sept mois. Un matin, en me levant, j'appris par mon valet de chambre qu'il était arrivé pendant la nuit. J'allai le saluer à son lever; il était plus sombre et plus froid encore que j'étais accoutumé à le voir. Il causa peu avec moi, de choses indifférentes; mais de son voyage, il ne me dit pas un mot. J'imitai sa réserve. Au déjeuner seulement, il m'annonça qu'un de nos parents éloignés, le comte de Tudela, dont jamais je n'avais entendu parler jusqu'alors, étant mort, il avait jugé à propos de se charger de son fils unique, demeuré orphelin, et de l'élever comme s'il était son enfant. En effet, sur un ordre de mon père, un domestique amena un charmant bambin de cinq ou six ans que, je dois l'avouer, je pris en amitié tout de suite, par un de ces effets de la sympathie dont il est impossible de se rendre compte. C'est cet enfant que vous avez connu.

— Gusman de Tudela? dit-elle vivement.

— Lui-même; mais il ne demeura que pendant quelques jours à peine au palais. Mon père, je ne sais pour quel motif, se hâta de le placer au couvent

1. On donne en Espagne ce nom à la capitale.

Les aventuriers s'affalèrent le long des rochers et descendirent sur la plage.

des Hyéronimites, où, comme vous le savez, sont élevés la plupart des gentilshommes. Mon père, quoiqu'il se montrât fort sévère pour ce pauvre enfant,
surveillait cependant son éducation avec le plus grand soin et semblait s'ap-
plaudir des progrès qu'il lui voyait faire. J'allai assez souvent voir Gusman
au couvent et causer avec lui; parfois même, je l'emmenais promener par la
ville, ce dont le pauvre abandonné était fort joyeux. Plusieurs années s'écou-

lèrent ainsi; puis mon père le retira du couvent et le plaça à l'école navale ;
bref, aujourd'hui, malgré sa jeunesse, Gusman est officier dans la marine
espagnole. Mais abandonnons-le pour un instant; nous reviendrons bientôt à
lui. Un an environ après l'entrée de Gusman dans notre famille, mon père fit
un autre voyage en France. Cette fois, comme la première, son absence se
prolongea pendant plusieurs mois, et, à son retour, il amena encore un
enfant; mais cet enfant était une ravissante petite fille.

— Juana, n'est-ce pas? s'écria doña Clara.

— Comment savez-vous ce nom, ma sœur? s'écria-t-il avec étonnement.

— Peu importe comment je le sais, mon frère.

— Cependant...

— Ne vous rappelez-vous donc pas qu'il y a un instant je vous ai moi-
même raconté de quelle façon j'avais, à San-Juan-de-Goava, fait connaissance
avec cette jeune fille.

— C'est juste, répondit-il en se frappant le front, je ne sais où j'ai la tête.

— Continuez, je vous en supplie.

— Donc, reprit-il, c'était Juana, ainsi que vous l'avez dit, ma sœur; mais
Juana n'était pas seule : un officier l'accompagnait. Cet officier, que mon père
me dit être son tuteur, se nommait don Fernando d'Avila. Tous deux logèrent
au palais. J'avais, à une autre époque, connu don Fernando, officier de fortune,
honnête et brave soldat, auquel j'avais rendu quelques services, mais que
mon père n'avait aucun motif pour protéger, du moins à ma connaissance.
Cependant le duc paraissait s'être pris d'une grande amitié pour cet homme
et avoir l'intention de le protéger chaudement. Cela m'intrigua fort de la part
d'un homme aussi grandement égoïste et aussi hautain que mon père,
et je me demandais parfois d'où pouvait provenir le grand intérêt
qu'il portait à cet homme. En effet, don Fernando d'Avila qui, après
dix ans passés à guerroyer dans les Flandres, avait, avec une extrême
difficulté, conquis le grade d'alferez, passa au bout d'un an à peine, grâce
aux chaudes recommandations de mon père, teniente, puis capitaine,
et enfin reçut l'ordre de partir pour les îles, commandant une compagnie
que mon père lui avait achetée. La petite fille, malgré sa jeunesse, dut
l'accompagner et partir avec lui. Je ne sais quel motif de curiosité inquiète
m'engagea, le jour du départ de don Fernando, à l'accompagner, à l'insu
de mon père, pendant quelques lieues sur la route de Séville où il se
rendait, devant s'embarquer à Cadix pour l'Amérique. Je ne vous rappor-
terai pas, ma sœur, la conversation que j'eus avec le capitaine; je me bornerai à vous répéter ce que j'appris. Mon père s'était rendu dans les Flandres
où se trouvait don Fernando, lui avai proposé de se charger d'un enfant,
l'assurant non seulement de lui donner tout l'argent nécessaire à son éduca
tion, mais encore de le protéger, lui, efficacement et de faire sa fortune.
Don Fernando était pauvre et entièrement privé de protecteurs puissants
capables de le sortir de la mauvaise situation dans laquelle il croupissait. Sans
s'informer des raisons qui engageaient un homme du nom et du rang de mon
père à lui faire ces ouvertures extraordinaires, il accepta avec empressement
ses propositions, tant il était las de la misère qu'il endurait depuis si long

temps et désireux d'en sortir, à quelque prix que ce fût : il promit donc à mon père de lui obéir aveuglément et le suivit immédiatement à Paris. Là, l'enfant lui fut remis par le duc qui lui renouvela ses recommandations ; puis ils prirent tous trois le chemin de Madrid. Donc, voilà, ma chère sœur, deux enfants élevés par les ordres de mon père ; vous et moi nous connaissons trop bien, n'est-ce pas, le duc de Peñaflor pour lui faire l'injure dn supposer que l'amour de l'humanité et la philanthropie l'ont engagé à élever ces deux orphelins ? Maintenant, quel motif l'a décidé à agir ainsi? et quels sont ces enfants? Voilà ce qu'il nous faut découvrir.

— Qu'en pensez-vous, mon frère?

— Le motif, pour moi, ma sœur, est la vengeance.

— La vengeance? Quelle vengeance, mon frère ?

— Écoutez-moi, ma pauvre sœur, reprit-il avec un sourire triste : vous êtes morte ou du moins vous passez pour telle, n'est-ce pas?

— C'est vrai, mon frère; eh bien?

— Laissez-moi achever; qui nous prouve que le duc ignore que vous existez encore, et, s'il n'a pas accrédité votre mort expressément afin de mieux assurer la vengeance qu'il a juré d'assouvir non seulement contre vous, mais encore contre l'homme qui lui a ravi son fils aîné et l'a privé de sa fille? Qui vous dit que notre père n'a pas constamment suivi dans l'ombre toutes vos démarches, qu'il n'a feint de vous abandonner ainsi, que pour vous donner plus de confiance et parvenir ainsi à atteindre en même temps et l'un par l'autre ses deux ennemis mortels, en vous laissant la faculté de revoir le père de votre enfant?

— Oh! ce que vous supposez là est épouvantable, mon frère! s'écria-t-elle en joignant les mains avec terreur.

— Ma sœur, je ne suppose rien, répondit-il sèchement; je me borne à déduire des conséquences. Il est évident pour moi que le duc suit pas à pas un plan conçu et mûri depuis longues années ; et la preuve, la voici : il y a un mois à peine, remarquez bien cette date, je vous prie, le duc de Peñaflor, don Gusman de Tudela et moi, nous nous trouvions à la Vera-Cruz. Don Gusman est, comme je vous l'ai dit, officier de marine; eh bien! sur un ordre de mon père, qui lui a révélé une effroyable histoire, la vôtre, ma sœur, bien qu'elle fût déguisée et que les noms propres ne fussent pas prononcés, ce jeune homme, fou de douleur et de honte, a, sans hésiter, abandonné la carrière honorable ouverte devant lui, et s'est embarqué comme matelot sur un bâtiment aventurier, résolu à mourir ou à venger sa mère, lâchement déshonorée, au dire de mon père, par un de ces hommes.

— Mais ceci est horrible, mon frère!

— N'est-ce pas? Eh bien! ce n'est pas tout encore. Ce jeune homme, doué des plus belles qualités et des plus nobles instincts, s'est engagé par serment à poursuivre de sa haine les chefs de ces aventuriers, à servir d'espion à notre gouvernement et à faire tomber entre nos mains les plus renommés d'entre les *ladrones*. Me comprenez-vous, maintenant, ma sœur, est-il besoin que j'insiste davantage sur ce sujet?

— Oh! non, mon frère, plus un mot, par grâce! s'écria-t-elle avec épouvante.

— Heureusement, reprit-il plus doucement, que j'ai pu échanger quelques
mots avec Gusman. Je dois le voir; peut-être réussirai-je, surtout si vous
consentez à m'y aider, à le détourner du précipice dans lequel il est sur le
point de tomber.

— En doutez-vous, mon frère? Oh! mon Dieu, que faire?

— Je ne sais encore; il me faut le voir avant tout.

— C'est vrai, quel nom a-t-il pris parmi les aventuriers?

— Je l'ignore.

Elle baissa la tête avec accablement et pendant quelques minutes elle
demeura silencieuse.

Son frère la regardait tristement sans oser troubler ses pensées et renouer
l'entretien.

— Écoutez, mon frère, dit-elle au bout d'un instant en redressant la tête
d'un mouvement brusque, l'œil étincelant et les sourcils froncés à se joindre,
je suis demeurée trop longtemps lâchement cachée dans ce vallon, l'heure
d'agir a enfin sonné; la lutte implacable que je croyais finie entre notre père
et moi recommence, soit, je l'accepte, Dieu m'aidera, car Dieu protège les
mères qui combattent pour sauver leurs enfants.

— Que voulez-vous faire, Clara?

— Quitter ce rancho et me rendre au Port-Margot ou au Port-de-Paix, au
milieu des aventuriers, enfin; ils seront pour moi moins cruels que mes
compatriotes.

— Prenez garde, ma sœur.

— Qu'ai-je à risquer? la mort! elle sera la bienvenue, mon frère, si je
parviens à retrouver mon fils et à sauver son honneur.

— Mais quel moyen emploierez-vous, ma pauvre Clara?

— Je ne sais, Sancho, mais Dieu m'inspirera, je réussirai, j'en ai la conviction.

— Faites donc ce qu'il vous plaira, ma sœur, je n'ai ni le droit ni la volonté
de vous retenir; mais si Gusman n'était pas votre fils?

— Ah! fit-elle avec doute.

— Si au lieu d'un fils vous aviez une fille, et si c'était Juana qui fût cette
fille? car, ma pauvre sœur, voilà surtout où cette histoire est effroyable, c'est
que vous êtes mère sans savoir à quel enfant vous avez donné le jour, sans
savoir même si cet enfant, quel qu'il soit, n'est pas mort en naissant.

— Mon Dieu! mon Dieu! murmura-t-elle en se tordant les mains avec
désespoir.

— Malheureusement, notre père, éclairé par sa haine, n'a pas commis une
faute, il a tout calculé, tout prévu. Souvenez-vous que lorsque les premières
douleurs de l'enfantement vous saisirent, on vous donna un puissant narco-
tique, que pendant votre sommeil la nature accomplit son mystérieux travail,
et que lorsque vos yeux se rouvrirent vous étiez délivrée et votre enfant
avait disparu.

— C'est vrai, Sancho, c'est vrai! s'écria-t-elle en éclatant en sanglots et

fondant en larmes, je n'ai pas vu mon enfant! on me l'a ravi avant que je
l'aie embrassé; cette première caresse si douce au cœur d'une mère, je n'ai
pu la donner à mon enfant! Oh! n'est-ce pas que c'est bien horrible, cela, mon
frère!

— Calmez-vous, Clara, au nom du Ciel, votre désespoir m'épouvante.

— Oh! c'est que vous venez subitement de raviver toutes mes douleurs,
cette plaie affreuse saigne toujours dans mon cœur! Une mère ne se console
jamais.

— Clara, ma sœur, je vous en supplie, vous savez combien je vous aime,
je vous aiderai de tout mon pouvoir, je vous le jure, nous retrouverons votre
enfant.

Soudain elle se leva toute droite, l'œil sec et le front rayonnant.

— Mon frère, dit-elle, si ce n'était pas mon enfant? si c'étaient mes enfants?
si tous deux m'appartenaient?

— Que dites-vous, Clara?

— Je dis, mon frère, que si profondes que soient les ténèbres qui nous
enveloppent, si ingénieuse qu'ait été la haine de mon père, la lumière se
fera dans ce mystère d'iniquité! Croyez-moi, ce n'est point pour rien qu'après
tant d'années Dieu permet que mon père et moi nous nous retrouvions face à
face! Voici l'heure de la lutte suprême! Nous verrons qui de l'ange ou du
démon demeurera vainqueur dans l'horrible partie qui va se jouer entre
nous!

XVIII

DOÑA CLARA

Vaincue par l'émotion qu'elle éprouvait, doña Clara, en achevant de prononcer avec une énergie étrange les paroles qui terminent le précédent cha-
pitre, se laissa tomber à demi évanouie sur un siège.

Ses traits pâles, contractés par la douleur, ses yeux fermés, son corps
roidi par une crispation nerveuse, lui donnaient l'apparence d'un cadavre.

Don Sancho fut effrayé de l'état dans lequel il voyait sa sœur, le seul
être pour lequel en toute sa vie il eût éprouvé une amitié sincère; son cœur
se serra et une larme brûlante coula lentement sur sa joue sans qu'il songeât
à l'essuyer.

— Pauvre sœur! hélas! murmura-t-il en la considérant avec une douce
et paternelle compassion, sa vie tout entière ne doit-elle donc être qu'un long
martyre! Que ne puis-je faire rentrer l'espérance dans ce cœur brisé! Mon
Dieu, après tant d'années, est-ce ainsi que je devais la revoir!

Il soupira, laissa tomber sa tête sur la poitrine et commença à marcher
avec agitation de long en large dans la chambre.

Pendant près d'un quart d'heure, le silence ne fut troublé que par les
sanglots étouffés de doña Clara.

Tout à coup elle se redressa et posant la main sur le bras de son frère au moment où celui-ci passait devant elle :

— Don Sancho, lui dit-elle d'une voix étranglée, puis-je compter sur vous?

— En doutez-vous, ma sœur? lui répondit-il en s'arrêtant, et il lui prit la main qu'il baisa.

— Pardonnez-moi, fit-elle; hélas! je suis tellement malheureuse que souvent, malgré moi, je n'ose croire.

— Je ne vous adresse pas de reproches, ma sœur; parlez, je vous écoute.

— Ne m'avez-vous pas dit que vous aimiez ce don Gusman de Tudela ?

— Comme s'il était mon frère !

— Il est beau, n'est-ce pas?

— Il est beau et brave, ma sœur.

— Ah ! fit-elle avec joie.

— Oui, c'est un fier gentilhomme.

— Il ne dément pas la race dont il sort.

— Il la porte écrite sur son mâle visage.

— Vous espérez le voir, m'avez-vous dit ?

— Je l'espère, oui ; mais je ne sais comment ni de quelle façon pourra s'effectuer cette entrevue.

— N'êtes-vous donc convenus de rien?

— Le duc nous surveillait d'un œil jaloux, je n'ai pu échanger avec lui que quelques vagues paroles, seulement je crois qu'elles auront été comprises par lui.

— Savez-vous que la mission qu'il a à remplir est affreuse, que le rôle qu'il est forcé de jouer est infâme?

— Hélas ! je le sais, mais il ne le suppose pas tel; il est convaincu, au contraire, qu'il accomplit un devoir.

— Mais enfin, ne soupçonnez-vous rien de lui? Cette soi-disant parenté est-elle réelle?

— Que vous dirais-je, ma sœur? tout cela est enveloppé pour moi d'un impénétrable mystère ; les Tudela, vous le savez aussi bien que moi, nous sont alliés de fort près, seulement ils n'ont jamais résidé à la cour et ont toujours vécu dans leurs domaines, au milieu de leurs vassaux; nos relations avec eux ont forcément été presque nulles; je ne me souviens pas avoir vu chez mon père un seul gentilhomme portant ce nom ; il m'est donc impossible de me prononcer et d'affirmer que don Gusman soit ou ne soit pas issu de cette famille, d'autant plus que le duc de Peñaflor, je dois l'avouer, ne m'a jamais témoigné la plus légère confiance et, connaissant l'amitié profonde que j'ai toujours professée pour vous, m'a tenu de parti pris dans la plus complète ignorance de ses actes, même les plus insignifiants.

— Ténèbres partout ! murmura doña Clara. Oh ! Dieu n'est pas juste, s'écria-t-elle avec accablement, de laisser ainsi succomber la vertu.

— Les voies de Dieu sont insondables pour les regards bornés des hommes, ma sœur, répondit le jeune homme avec conviction; peut-être, quand vous accusez sa bonté et sa justice, vous prépare-t-il une éclatante justification et une vengeance terrible.

Doña Clara courba son front pâle, tandis qu'un sombre sourire crispait ses lèvres.

— Non, reprit-elle, je ne puis plus longtemps attendre ! l'heure est venue ; je vous le répète, dussé-je succomber dans la lutte, j'agirai.

— Que prétendez-vous faire ?

— Déchirer, une fois pour toutes, le voile étendu sur mes yeux.

— Vous ne réussirez pas.

— Il en sera ce qu'il plaira à Dieu, mon frère, j'y suis résolue ; j'ai d'ailleurs votre promesse formelle de me venir en aide.

— En tout ce qui dépendra de moi, ma sœur, vous pouvez y compter.

— Merci, don Sancho ; mais don Gusman, pour se mêler parmi les Frères de la Côte, n'a pas conservé son nom sans doute.

— En effet, sa qualité d'Espagnol l'eût perdu en le faisant considérer comme espion.

— Connaissez-vous le nom qu'il a adopté ?

— Je le connais, oui, ma sœur.

— Et quel est ce nom ?

— Martial.

— Bien, cela me suffit ; soyez tranquille, don Sancho, avant peu je saurai si ce jeune homme est mon fils.

— Mais, pardon si je vous interroge, ma sœur, quels moyens emploierez-vous pour obtenir cette certitude ?

Doña Clara sourit avec dédain.

— Mon cœur me le révélera ; une mère ne se trompe jamais lorsqu'il s'agit de reconnaître son fils.

— Mais pour cela il faut que vous le voyiez ?

— Aussi le verrai-je, et cela bientôt.

— Je n'ose vous comprendre, ma sœur ; ainsi vous voulez...

— Oui, interrompit-elle avec violence, je veux, moi aussi, me mêler avec les Frères de la Côte, vivre de leur vie, surveiller leur actions, et, sans qu'il sache qui je suis, voir ce jeune homme, ce Martial, et me faire aimer de lui ; si, comme j'en ai la conviction secrète, il est mon fils, il se sentira malgré lui attiré vers moi et alors...

— Mais c'est de la folie, cela, ma sœur ! s'écria le marquis avec violence ; vous ne parlez pas sérieusement.

— Et pourquoi donc, s'il vous plaît, mon frère ?

— Vous, au milieu de ces bandits sans foi ni loi !

— Ces bandits sans foi ni loi, mon frère, ont plus d'honneur que la plupart de ceux qui les méprisent et les traquent partout comme des bêtes féroces ; mieux que personne vous devriez le savoir, il me semble.

— Il est vrai, ma sœur, que personnellement je n'ai jamais eu à me plaindre d'eux ; au contraire, ils se sont conduits à mon égard en hommes de cœur, et croyez-le bien, je leur en conserve une profonde reconnaissance.

— Puisqu'il en est ainsi, pourquoi supposez-vous que leur conduite ne sera pas envers une femme ce qu'elle a été pour vous?

— Ce n'est point cela que j'ai voulu dire ; vous ne m'avez pas compris.

— Expliquez-vous, alors, répondit-elle avec une irritation fébrile.

— Avez-vous oublié que parmi ces hommes il en est un qui vous a défendu de vous présenter jamais devant lui?

— A moins que je lui rende son fils ; c'est vrai.

— Ah! fit-il.

— Eh bien! ce fils, je le lui rendrai, mon frère ; croyez-moi, mon cœur ne me trompe pas.

Le marquis hocha la tête sans répondre.

Il y eut un silence de quelques minutes ; ce fut doña Clara qui le rompit.

— Ma résolution est prise, aucune puissance humaine ne m'en fera changer, d'ailleurs, ajouta-t-elle avec tristesse, soyez tranquille, don Sancho, il ne me reconnaîtra point ; regardez-moi avec attention, vous qui êtes mon frère, et dites-moi si la malheureuse qui est devant vous brisée par le malheur, courbée sous le poids d'une honte imméritée, ressemble en rien à la jeune fille d'il y a vingt ans? Non, non, Montbars ou le comte de Barmont, ainsi qu'il vous plaira de le nommer, ne me reconnaîtra pas; hélas! s'il me voit il passera près de moi sans que son regard se fixe seulement sur la malheureuse créature dont les traits si horriblement défigurés par les larmes ne rappelleront rien à son souvenir.

— Je n'ai ni le droit ni le courage de vous empêcher de faire cette tentative suprême, ma sœur; quoique je n'en augure rien de profitable pour vous, mes souhaits les plus sincères vous accompagneront, mes plus vives sympathies vous sont acquises; agissez donc à votre guise et puisse Dieu vous venir en aide!

— Il sera avec moi, mon frère, j'en ai l'espérance.

— Enfin! reprit-il d'un air de doute, dans tous les cas, souvenez-vous que je suis gouverneur de l'île d'Hispaniola, et que, grâce à cette qualité, mon pouvoir sera peut-être assez grand pour vous venir en aide si vous aviez besoin d'un secours efficace. Bien que les *ladrones* soient nos ennemis mortels à nous autres Espagnols, ils sont cependant contraints bien souvent de compter avec nous.

— Je sais combien vous m'aimez, don Sancho, et cela me suffit pour être certaine que vous ne me faillirez pas dans l'occasion.

— Quoi que vous exigiez de moi, ma sœur, je le ferai ; soit de jour, soit de nuit, à votre premier appel je serai là.

— Merci, répondit-elle en lui tendant la main.

Le marquis serra affectueusement cette main dans les siennes.

— Pauvre sœur! murmura-t-il avec tristesse.

— Don Sancho, reprit-elle, j'ai le pressentiment secret que mes chagrins touchent à leur terme, et, ajouta-t-elle avec exaltation, que bientôt je retrouverai mon fils et le serrerai sur mon cœur.

Le marquis s'inclina devant sa sœur en étouffant un soupir.

— Maintenant, dit-il, je suis contraint de vous quitter. Je suis accouru près

Après quelques détours ils atteignirent l'extrémité de la caverne.

de vous sans prévenir personne, cette absence prolongée doit sembler étrange; il est temps que je reparaisse à Santo-Domingo pour faire cesser l'inquiétude causée par cette démarche incompréhensible pour tous; je suis depuis si peu de temps gouverneur que je dois songer un peu à remplir dignement le rôle qui m'est imposé; mais nous nous reverrons bientôt, je l'espère; j'ai bien des choses à vous dire encore, après une si longue séparation.

Liv. 130. F. ROY, éditeur. — Reproduction interdite. LES BOHÈMES DE LA MER. 18

— Je ne sais quand nous pourrons nous revoir, mon frère, et si grand que soit mon désir de vous entretenir, je ne puis assigner d'époque à une nouvelle entrevue.

— Comptez-vous donc mettre bientôt votre projet à exécution?

— Ce soir même je quitterai le rancho pour me rendre au Port-de-Paix.

— Si tôt, ma sœur?

— Je n'ai déjà tardé que trop longtemps, n'insistez donc pas, je vous prie, ce serait inutile.

— Puisqu'il en est ainsi, ma sœur, je me tais; il ne me reste plus qu'à vous souhaiter de réussir; mais, hélas! je ne l'espère pas.

— Je ne partage pas votre opinion; adieu, mon frère.

— Adieu, ma sœur, répondit-il.

Ils s'embrassèrent et demeurèrent longtemps serrés dans les bras l'un de l'autre.

Doña Clara se dégagea enfin de cette douce étreinte.

— Du courage, dit-elle.

Ils sortirent; le nègre Aristide tenait en bride le cheval du marquis et le promenait devant la maison.

Don Sancho lui fit un signe, embrassa une dernière fois sa sœur et se mit en selle.

— Adieu, lui dit-il d'une voix étouffée.

— Au revoir, répondit-elle.

Le marquis enfonça les éperons dans les flancs de son cheval et s'éloigna au galop. Doña Clara demeura immobile sur le seuil de la porte et le suivit des yeux aussi longtemps qu'elle put l'apercevoir; lorsque enfin il eut disparu à un coude du sentier, elle fit le signe de la croix, poussa un soupir et rentra dans le rancho en murmurant à voix basse :

— Il m'a toujours aimée, lui! bon frère.

Birbomono se tenait dans la première pièce, doña Clara s'approcha de lui.

— Mon ami, lui dit-elle d'une voix douce, je quitte le rancho.

Le mayordomo s'inclina sans répondre.

— Je compte partir aujourd'hui même; dans une heure, si cela est possible.

— Dans une heure tout sera prêt, dit-il respectueusement.

Elle hésita, puis s'enhardissant elle reprit :

— C'est que, mon ami, je ne sais quand je reviendrai ici, mon voyage peut se prolonger plus longtemps que je ne le voudrais et j'aurais besoin d'emporter avec moi des bagages assez considérables.

— Pendant que la señora était avec son frère, j'ai tout préparé, répondit-il; la señora partira aussitôt qu'elle le désirera.

— Tout préparé! s'écria-t-elle avec surprise; comment savez-vous donc ce que j'ai l'intention de faire, quand il y a une heure je l'ignorais moi-même?

— Les murs ne sont que de simples cloisons en cañaverales, señora; malgré moi et sans vouloir écouter, j'ai entendu presque tout ce qui s'est dit entre vous et Son Excellence le gouverneur.

Doña Clara sourit.

— Je ne vous en veux pas, Birbomono, dit-elle, car je n'ai pas de secrets pour vous; d'ailleurs, mon intention était de vous instruire,

— Cela est inutile maintenant.

— En effet. Pendant mon absence, vous demeurerez ici; qui sait, peut-être serai-je heureuse de revenir un jour dans ce rancho où ont coulé tant de larmes et qui pour cela même m'est devenu cher.

— Pardon, répondit le mayordomo en pâlissant, je n'ai pas bien compris les ordres que la señora m'a fait l'honneur de me donner; n'a-t-elle pas témoigné le désir que je restasse ici?

— Oui, mon ami.

— Alors vous me pardonnerez, señora, car cela est impossible.

— Comment, cela est impossible?

— Voici vingt ans que je suis auprès de vous, señora, sans jamais vous avoir quittée une seconde; je ne consentirai pas à me séparer de vous lorsque vous allez tenter une entreprise périlleuse pendant laquelle vous aurez plus que jamais besoin d'avoir près de vous un serviteur dévoué.

— Mais, mon ami, vous ne songez pas que je vais vivre au milieu des ennemis mortels des Espagnols et qu'en vous emmenant avec moi je vous expose à des dangers terribles.

— Pardon, señora, j'ai réfléchi à cela; mai j'ai l'honneur de vous faire observer que là où nous allons se trouvent d'autres Espagnols qui vivent sans être inquiétés par personne à la simple condition de se soumettre aux lois des flibustiers et de ne pas se mêler de leurs affaires; je ferai comme les autres, voilà tout.

— J'ignorais ce que vous me dites là, mon ami; cependant je préférerais, pour éviter tout danger, que vous consentissiez à demeurer ici.

— J'ai déjà eu l'honneur de vous dire, madame, que cela est impossible; si vous m'ordonnez de ne pas vous suivre, je vous obéirai comme je le dois, mais je partirai, moi aussi, et je me rendrai seul au Port-de-Paix.

— Insister davantage serait méconnaître votre dévouement, mon ami; vous m'accompagnerez donc; mais qui gardera le rancho pendant mon absence?

— Le nègre Aristide, señora; il est intelligent, dévoué et probe, je lui ai donné mes instructions à ce sujet, vous pouvez avoir toute confiance en lui,

— Alors, puisqu'il en est ainsi, je me rends; il faut faire ce que vous voulez.

— Je vous remercie de tant de bonté, madame, répondit avec émotion le vieux et brave serviteur; vous m'auriez rendu bien malheureux si vous aviez exigé que je me séparasse de vous dans une circonstance aussi grave et de laquelle dépend peut-être le bonheur de votre vie tout entière.

— Peut-être mieux vaut-il qu'il en soit ainsi en effet, mon ami, reprit doña Clara d'un air pensif: lorsque les chevaux seront sellés et les mules chargées, vous me préviendrez, je serai prête.

Elle lui fit un signe affectueux et entra dans sa chambre à coucher, dont elle ferma la porte derrière elle.

Avant de faire cette dernière et suprême tentative, elle avait besoin de se recueillir et de calculer seule avec son cœur toutes les chances de réussite qu'elle pouvait avoir.

Birbomono, rendu joyeux par les dernières paroles de sa maîtresse, se mit en mesure de tout préparer pour le départ.

Un peu avant le coucher du soleil, la maîtresse et le serviteur quittèrent le rancho laissé aux soins d'Aristide, tout fier d'une telle confiance, et se dirigèrent vers le Port-de-Paix, en ayant soin de maintenir leurs chevaux à une allure assez lente pour n'arriver qu'à la nuit close, afin de moins attirer l'attention sur eux.

XIX

LA PRISE DE L'ÎLE DE LA TORTUE

Nous retournerons maintenant auprès de deux de nos personnages que les exigences de notre narration nous ont contraint d'abandonner dans une situation passablement critique; nous voulons parler de Philippe et de son ex-engagé Pitrians, cachés ou plutôt blottis dans un trou des formidables rochers nommés Côtes-de-Fer qui forment à l'île de la Tortue une fortification naturelle.

Les deux aventuriers dormirent à poings fermés pendant toute la nuit sans que rien ne vînt troubler leur paisible sommeil. Ce ne fut qu'au lever du soleil, lorsque les premiers rayons de l'astre du jour les frappèrent au visage, qu'ils ouvrirent les yeux.

Tout était calme et solitaire autour d'eux; la mer, à peine ridée par la brise matinale, venait doucement mourir au pied des rochers avec un faible et harmonieux murmure. Les sataniques, les damiers et les alcyons rasaient de leurs ailes rapides le sommet des vagues en poussant des cris de plaisir ; pas une voile n'apparaissait au large.

En un instant les aventuriers furent debout, ils s'affalèrent le long des rochers et descendirent sur la plage; là ils se trouvaient comparativement en sûreté, car il était impossible de les apercevoir de l'intérieur de l'île.

Le bonheur voulut qu'en furetant à droite et à gauche sur le rivage ils découvrissent une espèce de grotte naturelle, formée sans doute par les efforts continus de la mer et qui leur offrit un refuge assuré non seulement contre les regards indiscrets, mais encore contre les rayons du soleil qui à l'heure de midi projetaient une intolérable chaleur.

— Eh ! eh ! dit Philippe en s'accommodant le plus confortablement possible, le dos appuyé à la paroi du rocher et bourrant sa pipe, notre position me semble assez tolérable, qu'en penses-tu, Pitrians ?

— Pardieu ! je pense qu'elle pourrait être pire, mais aussi qu'elle pourrait facilement être meilleure.

— Diable ! tu es difficile, mon gars ; quant à moi, je ne suis pas de ton avis, et je constate que je me trouve fort bien.

— D'accord, mais nous serions, je le crois, bien mieux encore si, comme des étourneaux que nous sommes, nous n'avions pas oublié le principal.

— Que veux-tu dire?

— Est-ce que vous ne vous sentez pas en appétit ce matin ? fit Pitrians en répondant à une question par une autre.

— Eh mais! tu m'y fais songer en effet, j'ai une faim de loup, garçon.

— Bon, et les vivres, où sont-ils ?

— Ah! diable! tu dois le savoir mieux que moi, Pitrians, puisque tu t'en étais chargé.

— Ils sont dans la pirogue, et la pirogue est partie avec le chevalier.

— Hum! Voilà certes qui n'est pas gai. Comment allons-nous faire ?

— Je ne sais pas, et vous?

— Ni moi non plus, animal, puisque je te le demande; c'est que cette situation n'a rien d'agréable, et la perspective de rester deux jours sans manger ne me sourit que très médiocrement.

— Dame! je ne vois guère le moyen de faire autrement, à moins de nous manger l'un l'autre.

— Bah! tu mets tout de suite les choses au pire, toi; nous n'avons pas de vivres, eh bien, nous en chercherons.

— Cherchons-en, je ne demande pas mieux, moi, pour ma part, seulement prenons garde de nous faire prendre.

— Comment n'as-tu pas pensé aux vivres aussi, toi, c'était surtout ton affaire.

— M'est avis que nous n'aboutirons à rien en récriminant; mieux vaut tâcher de trouver un moyen de sortir d'embarras.

— Cela ne me semble pas facile.

— Qui sait? essayons toujours.

— Essayons, je ne demande pas mieux, mais je doute du succès de nos recherches.

Tout en causant ainsi à bâtons rompus, les deux hommes s'étaient levés et étaient sortis de la grotte.

La plage était toujours déserte; ils commencèrent à côtoyer les rochers pour revenir à l'endroit qui leur avait livré passage, afin d'y repasser pour entrer dans l'île. Ils marchèrent ainsi pendant près de dix minutes, examinant avec soin la muraille de rocher qui se dressait devant eux, afin de retrouver la fissure par laquelle ils s'étaient glissés le jour précédent.

Tout à coup Pitrians s'arrêta en poussant une exclamation de surprise.

— Hein? lui demanda Philippe en hâtant le pas afin de le rejoindre plus vite, qu'est-ce qu'il y a de nouveau?

— Venez donc voir, reprit Pitrians ; sur mon âme, voici une chose bizarre.

Philippe s'approcha; en cet endroit, les rochers, bouleversés sans doute par quelque commotion volcanique, formaient par leur amoncellement un inextricable chaos; une roche, un peu plus rapprochée de la rive que les autres, faisait saillie au dehors. Pitrians, sans y attacher d'importance, au lieu de suivre la ligne droite, était passé derrière cette roche, et alors, à sa grande surprise, il avait vu s'ouvrir devant lui l'entrée d'une caverne assez haute et assez large pour qu'un homme de taille ordinaire pût y entrer sans se baisser.

Le sol de cette caverne était couvert d'une légère couche d'un sable fin, sur laquelle apparaissaient çà et là non seulement des traces de pas, mais encore une rainure assez profondément creusée, comme si une embarcation avait été traînée à bras.

— Qu'est-ce que cela signifie? murmura Philippe, serait-ce un passage ?

— Il nous est facile de nous en assurer; si nous ne trouvons pas d'issue, nous en serons quittes pour revenir sur nos pas.

— C'est juste, et le mal ne sera pas grand, car, grâce à Dieu, ce n'est pas le temps qui nous manque.

— Non, ce sont les vivres, dit Pitrians en grognant.

— Ingrat, fit en riant Philippe; peut-être cette caverne nous conduira-t-elle dans un endroit où nous en trouverons.

— Dieu le veuille.

Alors, sans plus hésiter, ils entrèrent dans la caverne. Cependant, comme les aventuriers étaient gens de précaution et qu'ils ne savaient pas ce qui pouvait advenir, ils visitèrent avec soin leurs armes et changèrent les amorces de leurs fusils, afin d'être prêts à tout événement.

La caverne était assez profonde et formait plusieurs courbes. Les aventuriers, grâce à des fissures imperceptibles, qui probablement existaient dans la voûte, y voyaient assez clair pour se diriger sûrement, bien qu'ils se trouvassent au milieu d'une sorte de crépuscule qui ne leur laissait distinguer que vaguement les objets.

Ils atteignirent bientôt une espèce de salle assez grande, de forme presque ronde, où le jour pénétrait par en haut; un trou de quatre pieds environ laissait passer le soleil, dont les rayons répandaient une assez vive clarté.

Dans cette salle, les aventuriers aperçurent non pas une, mais trois embarcations, dont deux, à la vérité, étaient en assez mauvais état et incapables, à moins d'un radoub complet, de prendre la mer ; mais la troisième était presque neuve.

Ces embarcations se trouvaient soigneusement rangées contre la muraille et soutenues par des épontilles ; auprès d'elles étaient déposés des avirons, des gaffes, des mâts et des vergues garnis de leurs voiles; des filets et autres engins de pêche étaient étendus sur les embarcations.

— Tiens, tiens, tiens, dit joyeusement Philippe en se frottant les mains, voici, si je ne me trompe, qui va nous épargner une rude besogne; ces embarcations ne sont pas venues ici toutes seules, donc il existe un passage, passage que nous trouverons, ce qui fait que nous n'aurons pas besoin d'en creuser un, et que nos compagnons entreront dans l'île comme chez eux.

— A quelque chose malheur est bon, dit sentencieusement Pitrians.

— Quelle excellente idée nous avons eue d'oublier nos vivres.

— Hum ! je ne trouve pas, moi.

— Tu es un niais, Pitrians, et tu parles sans réfléchir; si nous avions eu des vivres, nous ne nous serions pas mis en devoir d'en chercher, n'est-ce pas?

— C'est assez probable, répondit-il d'un air railleur.

— Eh bien! déduis les conséquences, animal; ne cherchant pas de vivres, puisque nous en aurions eu, nous n'aurions pas découvert ce passage, si commode pour la réussite de nos projets.

— C'est pardieu vrai! je ne suis qu'un sot,

— Ne te l'ai-je pas dit? Mais ne demeurons pas ici plus longtemps; hâtons-nous d'atteindre le fond de ce souterrain, afin de savoir le plus tôt possible à quoi nous en tenir.

Ils se remirent en marche; après quelques détours, ils atteignirent l'extrémité de la caverne. Ainsi que Philippe l'avait prévu, la muraille de rochers était entièrement franchie; la caverne débouchait dans l'intérieur de l'île par une fissure assez large masquée par d'épaisses broussailles et un monceau de pierres où, d'après leur arrangement, il était facile de reconnaître la main de l'homme.

Les aventuriers se glissèrent entre les pierres, écartèrent avec soin les broussailles, et ils se trouvèrent, non pas dans la campagne, ainsi qu'ils le supposaient, mais dans une huerta assez étendue, fermée de tous les côtés par une haie vive, et à l'extrémité de laquelle, à une distance de cent mètres environ, s'élevait une espèce de rancho ou de hatto, misérable cabane en bambous, couverte en feuilles de palmier.

— Diable! dit Philippe, voilà qui est assez désagréable; le propriétaire, quel qu'il soit, de cette habitation, va, s'il nous aperçoit, pousser des cris de paon et ameuter les habitants contre nous; comment faire?

— Demeurez ici, tandis que je pousserai une reconnaissance en avant; si je ne découvre rien de suspect, je vous avertirai.

— Va, et surtout sois prudent.

Philippe se blottit au milieu des broussailles, tandis que Pitrians s'avan-çait résolument vers la maison.

Dans certains cas, l'audace est la meilleure tactique, l'action de Pitrians le prouva cette fois encore.

Il atteignit la maison, ouvrit la porte, qui, selon la coutume américaine, n'était fermée qu'au loquet: il se trouva dans une pièce misérablement meu-blée, servant à la fois de cuisine et de chambre à coucher; cette chambre était déserte.

Et non seulement la chambre était déserte, mais les meubles, les usten-siles, enfin tout ce que contenait la maison se trouvait dans un tel état d'abandon et de ruine qu'il était évident que, depuis quelque temps déjà, ce rancho était inhabité.

Après avoir fureté partout sans rien découvrir qui le mit sur la voie du mystère que devait renfermer cette habitation, l'aventurier, enhardi par le succès de sa téméraire entreprise, voulut ouvrir la porte.

Il n'y put réussir, malgré tous ses efforts. Cette résistance, à laquelle il était loin de s'attendre, l'intrigua; il chercha ce qui pouvait la retenir. Alors il s'aperçut qu'elle était clouée en dehors; il alla à la fenêtre: la fenêtre était clouée aussi.

— Qu'est-ce que cela veut dire? murmura-t-il.

En ce moment, il entendit un bruit de pas et se retourna vivement en saisissant son fusil.

C'était Philippe qui, fatigué de l'attendre et inquiet de ne le pas voir revenir, avait pris la résolution de le rejoindre.

Pitrians le mit au courant en deux mots.

Philippe réfléchit un instant, puis il éclata de rire.

— Allons, dit-il gaiement, décidément Dieu est pour nous. Je comprends tout, maintenant.

— Que comprenez-vous ? demanda curieusement Pitrians.

— Voici l'affaire : il y a quelque temps, nous avons été informés que la peste sévissait à la Tortue; il est probable que les habitants de cette maison ont été atteints par le fléau et sont morts : nous trouverons, j'en suis sûr, leurs cadavres dans quelque coin. Alors, selon la coutume espagnole, la maison a été condamnée, une croix rouge tracée sur la porte, puis tout a été fermé. Ainsi nous sommes chez nous, et nous n'avons pas à craindre qu'on nous vienne déranger.

— Tout cela pourrait bien être vrai.

— Pardieu! Visitons un peu partout, et tâchons de découvrir des vivres ; je tombe littéralement d'inanition.

Ils recommencèrent leurs recherches et fouillèrent les chambres, en haut et en bas. Les prévisions de Philippe étaient justes : sous un hangar, donnant sur un corral attenant au jardin, ils découvrirent deux cadavres dans un état de décomposition avancée. Malgré le dégoût bien naturel qu'ils éprouvèrent à cette vue, les aventuriers se hâtèrent de creuser une fosse profonde et de les jeter dedans, tant à cause de l'odeur insupportable qu'ils répandaient qu'afin de s'en débarrasser.

Les aventuriers prirent des ignames, de la viande boucanée, des fruits, une bota d'aguardiente, et, chargés de ces provisions, ils regagnèrent la caverne, qu'ils traversèrent sans s'y arrêter, et reprirent leur poste sur le rivage.

— Ma foi, dit joyeusement Philippe, tout en mangeant de bon appétit les vivres que le hasard lui envoyait si à propos, il faut avouer que définitivement le Ciel est pour nous ; cette expédition si hasardeuse, qui offrait quatre-vingt-dix-neuf chances mauvaises contre à peine une bonne, a jusqu'à présent complètement réussi ; qu'en penses-tu, Pitrians ?

— Je pense, répondit l'aventurier la bouche pleine, que vous pourriez avoir raison, mais cependant je suis d'avis de ne pas trop nous hâter de nous féliciter; vous connaissez le proverbe espagnol?

— Lequel? il y en a beaucoup.

— Celui-ci : *Andar por lana y volver trasquilado.*

— Ce qui veut dire ?

— Aller chercher de la laine et revenir tondu : donc ne nous pressons pas de chanter victoire; notre succès dépend entièrement de Grammont.

— C'est juste, s'il s'est laissé prendre, ce que je n'admets pas, nous sommes perdus.

— Se laisser prendre, je ne le crois pas non plus, mais il peut avoir été tué, et alors cela reviendra au même pour nous; nos compagnons ne nous

— Va-t'en au diable avec tes pronostics de malheur ! tu n'es qu'un oiseau de mauvais augure.

voyant pas revenir, supposeront que nous sommes tombés entre les mains des Espagnols, et ils renonceront à l'expédition; alors que ferons-nous ici, nous autres ?

— Va-t'en au diable, avec tes pronostics de malheur ! s'écria Philippe, tu n'es qu'un oiseau de mauvais augure, rien de tout cela n'arrivera.

— *Amen*, de grand cœur, dit Pitrians en donnant à la bouteille d'eau-de-vie une accolade qui la diminua d'un bon tiers.

Ils continuèrent leur déjeuner tout en causant ainsi entre eux, et le repas terminé ils se replacèrent en embuscade pour surveiller la haute mer.

Vers onze heures du matin, ils virent passer plusieurs bâtiments qui forçaient de voiles pour entrer à la Tortue ; ces bâtiments se croisèrent avec une goélette qui, elle, débouquait du chenal et gagnait le large.

Philippe supposa, ce qui en effet était vrai, que ces bâtiments avaient à leur bord la nouvelle garnison espagnole, et que la goélette emmenait doña Juana et don Fernando d'Avila son tuteur.

Malgré le vif chagrin que lui fit éprouver ce départ, cependant il ressentit une secrète joie en songeant que celle qu'il aimait était désormais à l'abri de tout danger,

Les deux jours s'écoulèrent sans que rien vint troubler la quiétude dont jouissaient les deux aventuriers. Plusieurs fois ils étaient retournés à la maison pour prendre les vivres dont ils avaient besoin, puis ils étaient immédiatement revenus à leur poste au bord de la mer.

Comme si tout devait les favoriser jusqu'à la fin, le temps resta constamment beau ; la mer était, selon une expression maritime, comme de l'huile : pas un souffle d'air n'en ridait la surface, unie comme une glace.

Le soir du second jour, vers onze heures environ, par une nuit sans lune et fort obscure, les deux sentinelles, embusquées sur la plage, aperçurent des lueurs qui brillaient pendant une seconde dans les ténèbres, et s'éteignaient presque aussitôt.

Les aventuriers comprirent que ces lueurs étaient des amorces brûlées par leurs compagnons pour leur demander s'ils pouvaient atterrir.

Ils ne firent pas attendre leur réponse : quatre amorces brûlées coup sur coup avertirent les Frères de la Côte que tout était tranquille et qu'ils pouvaient nager droit au rivage.

Cependant, près d'une heure s'écoula sans que rien vint prouver aux aventuriers que leurs signaux avaient été vus et compris ; ils se préparaient à les recommencer, lorsque vers minuit à peu près, ils aperçurent plusieurs masses noires qui émergeaient des ténèbres, et un bruit sourd et cadencé leur révéla l'approche de la flottille flibustière, entièrement composée de pirogues.

Dix minutes plus tard, les aventuriers sautaient sur la plage.

Ils étaient quatre cents, tous armés jusqu'aux dents, résolus à vaincre ou à mourir. Les principaux chefs de la flibuste les commandaient : c'étaient M. d'Ogeron, Montbars l'Exterminateur, Grammont, Pierre Legrand, Vent-en-Panne, Michel le Basque, Drack, Martial, David et bien d'autres encore aussi célèbres, ou qui déjà marchaient sur les traces de ces héros de l'aventure.

— Eh bien ! demanda M. d'Ogeron à son neveu, quoi de nouveau ?

— Rien que je sache, sinon que la garnison espagnole est, je crois, doublée.

— Oui ! reprit M. d'Ogeron, malgré le secret de nos délibérations, il paraît qu'un traître s'est mêlé parmi nous et a révélé notre projet aux Gavachos. Le gouverneur de Saint-Domingue a expédié deux cents hommes de renfort à la garnison ; ils ont dû débarquer hier.

— C'est, en effet, ce qui est arrivé, répondit Philippe.

Si l'obscurité n'avait pas été aussi épaisse, la rougeur qui couvrit subitement le visage de Martial aux paroles de M. d'Ogeron, aurait révélé aussitôt au gouverneur quel était le traître qui avait vendu son secret aux Espagnols.

— Que faisons-nous? demanda Montbars.

— Nous marchons en avant, reprit M. d'Ogeron; mais d'abord écoutons le plan de Philippe.

— C'est un grand honneur que vous me faites, mon oncle, répondit le jeune homme, ce plan est simple; le voici : cent hommes, les plus alertes de nous tous, commandés par Grammont et Pitrians, s'introduiront par escalade sur la plate-forme du fort de la Roche; les trois cents autres, guidés par moi, prendront les Espagnols à revers, de façon à les mettre entre deux feux. Seulement Grammont hissera avec lui deux pièces de canon, afin de dominer l'artillerie du fort de la Roche.

— Bon, mais il est fort difficile de franchir les Côtes-de-Fer avec du canon.

— J'ai trouvé un chemin. Ce plan vous convient-il?

— Il nous convient si bien que, sans y rien changer, nous allons le mettre à exécution.

Grammont s'approcha de Philippe, et lui serrant amicalement la main :

— Merci, frère, lui dit-il, de m'avoir cédé la plus belle part dans l'entreprise ; c'est une obligation que je contracte envers toi, je ne l'oublierai pas.

— Je compte sur cette promesse, répondit Philippe avec une ironie qui échappa au capitaine.

— Sois tranquille, reprit celui-ci.

— Avant de nous mettre en marche, n'oubliez pas, enfants, que j'ai fait serment de demeurer ici mort ou vainqueur, dit M. d'Ogeron.

— Nous vaincrons, répondirent d'une seule voix les quatre cents aventuriers.

— Les deux attaques seront simultanées; elles commenceront au point du jour. Maintenant, silence, et en avant!

On partit.

Nous l'avons dit, la nuit était obscure et sans lune, pas une étoile ne brillait au ciel; le vent avait tourné, ainsi que cela arrive souvent; vers minuit, la brise soufflait en foudre du large, de sorte que la mer était fort dure et brisait avec fracas contre les Côtes-de-Fer.

Ce temps favorisait singulièrement les aventuriers, en confondant avec les bruits de la mer celui que, malgré toutes leurs précautions, ils étaient forcés de faire et empêchant ainsi que leur présence fût révélée soit aux habitants, soit à la garnison.

Le premier soin de M. d'Ogeron fut de diviser les aventuriers en deux troupes; puis, sous la conduite de Philippe et de Pitrians qui leur servaient naturellement de guides, les Frères de la Côte, silencieux et résolus comme des hommes qui sont résolus à vaincre ou à mourir et qui par conséquent ont fait le sacrifice de leur vie, se dirigèrent à pas pressés vers la caverne, qui tout à coup, à leur grande surprise, s'offrit à leurs regards et dans laquelle ils s'enfoncèrent sans hésiter.

Chemin faisant, Philippe raconta à son oncle comment le hasard lui avait fait découvrir cette caverne et ce rancho, découverte qui, du premier coup, mettait les aventuriers au cœur de la place.

En débouchant de la caverne, les deux troupes se séparèrent.

La plus nombreuse, commandée par Montbars, M. d'Ogeron et d'autres, et guidée par Philippe, s'embusqua dans le rancho dont les portes et les fenêtres avaient été ouvertes : ce rancho se trouvait à l'entrée même du bourg. Les aventuriers demeurèrent immobiles et silencieux, attendant pour agir les premières volée du canon de la seconde troupe.

Celle-ci avait d'immenses difficultés à surmonter pour atteindre la plate-forme ; mais, grâce au courage, à l'adresse, et surtout à l'audace des flibustiers, toutes ces difficultés furent surmontées en quelques heures, et, au moment précis où le soleil apparaissait à l'horizon, deux coups de canon chargés à mitraille éclatèrent sur la plate-forme et foudroyèrent le fort de la Roche. Au même instant, un cri terrible retentit, poussé par trois cents voix, et la première troupe, s'élançant comme un torrent qui rompt ses digues, commença l'attaque.

La garnison du fort de la Roche, mise en désarroi par cette attaque si subite et si vigoureuse, courut bravement aux armes. Mais les Espagnols, pris entre deux feux et dominés par les pièces que les aventuriers avaient démasquées, furent contraints de se rendre après une défense héroïque qui dura plusieurs heures. Le bourg était en flammes, les deux tiers de la garnison avaient succombé.

Les aventuriers avaient de nouveau conquis la Tortue, mais cette fois ils devaient la conserver.

Les Espagnols s'étaient rendus à discrétion. M. d'Ogeron, ne se souciant point de conserver un aussi grand nombre de prisonniers, car outre la garnison, il y avait aussi les habitants de l'île, fit embarquer tous les Espagnols sur des bâtiments pris dans le port et les expédia à Cuba qui n'est éloigné que de quinze lieues à peu près, et là on les laissa libres sans même leur demander de rançon ; il est vrai qu'on leur avait pris tout ce qu'ils possédaient, et que les malheureux étaient littéralement ruinés.

M. d'Ogeron nomma David commandant de l'île de la Tortue dont les fortifications furent rétablies sur un pied formidable ; puis après avoir laissé au fort de la Roche une garnison composée de trois cents aventuriers choisis, le gouverneur retourna à Saint-Domingue avec les principaux chefs de l'expédition.

Martial, de peur de laisser deviner ses intelligences avec les Espagnols, avait si bravement combattu aux côtés de Montbars que le célèbre aventurier s'était cru obligé de lui adresser publiquement des éloges qui avaient rempli le jeune homme de honte et de confusion, tant il s'en savait indigne.

Mais les Frères de la Côte, se méprenant sur la rougeur qui colorait son front, l'avaient attribuée à sa modestie et ils l'avaient chaudement félicité.

— Eh bien ! demanda d'un air narquois Philippe au chevalier de Grammont en débarquant au Port-de-Paix, vous devez être satisfait, capitaine, l'entreprise a été bien conduite : avez-vous fait quelque bonne prise dans le fort?

Grammont lui jeta un regard de travers.

Il fit embarquer tous les Espagnols et les expédia à Cuba...

— Froid railleur, répondit-il, j'aurai ma revanche, je vous jure; vous saviez qu'elle avait quitté l'île?

— Pardieu! fit-il.

Et il lui tourna le dos en riant.

Pour la première fois de sa vie, peut-être, le chevalier de Grammont demeura sot et ne trouva rien à répondre.

La prise de l'île de la Tortue, toute glorieuse qu'elle fût pour les aventuriers, n'était cependant que le prélude d'une expédition bien autrement importante, que méditait Philippe d'Ogeron pour rejoindre celle qu'il aimait et qu'il avait juré de suivre ; aussi bientôt nous retrouverons, non pas cette fois dans une île d'une médiocre importance, mais au milieu des riches colonies de la côte ferme d'Amérique, les Frères de la Côte en présence de leurs implacables ennemis les Espagnols, où, devenant sans le savoir les instruments d'un de leurs frères, dont ils favorisaient ainsi l'amour à leur insu, ils allaient engager une de ces luttes gigantesques qui tiennent plus de l'épopée que de l'histoire et qui ont jeté un si grand lustre sur cette association des redoutables oiseaux de proie.

Ils allaient engager une de ces luttes gigantesques qui tiennent plus de l'épopée que de l'histoire.

TABLE DES MATIÈRES

LES BOHÈMES DE LA MER

FIN DE LA TABLE DES MATIÈRES

CATALOGUE

DES

OUVRAGES PARUS DE M. GUSTAVE AIMARD

1re Série.

Sceaux. — Imprimerie Charaire et Cⁱᵉ.

www.ingramcontent.com/pod-product-compliance
Lightning Source LLC
Chambersburg PA
CBHW072104090426
42739CB00012B/2858